图说精益管理系列

精益生产管理实战手册

(图解升级版)

杨 华 —— 主编

·北京·

内容简介

《精益生产管理实战手册（图解升级版）》一书由导读（如何做好精益生产管理）和精益生产概述、精益生产方法和工具、精益生产实现的基础、精益生产之计划管理、精益生产之生产控制、精益生产之品质管理、精益生产之成本控制、精益生产之库存控制、精益生产之智能制造等内容组成。

本书内容深入浅出、文字浅显易懂，注重实操性，具有较强的借鉴意义。作者将深奥的理论用平实的语言叙述，让初次接触精益生产管理的人员能一目了然。同时，本书利用图解的方式，能使读者阅读更轻松透彻、应用更方便。另外，本书特别突出了企业在管理实践过程中的实际操作要领，读者可以结合自身情况分析和学习，并直接应用于实际工作当中。

图书在版编目（CIP）数据

精益生产管理实战手册：图解升级版/杨华主编
. —北京：化学工业出版社，2024.2（2024.10重印）
（图说精益管理系列）
ISBN 978-7-122-44438-7

Ⅰ.①精… Ⅱ.①杨… Ⅲ.①精益生产-生产管理-手册 Ⅳ.①F273-62

中国国家版本馆CIP数据核字（2023）第215040号

责任编辑：陈 蕾 夏明慧　　　　　　装帧设计：溢思视觉设计／程超
责任校对：杜杏然

出版发行：化学工业出版社（北京市东城区青年湖南街13号　邮政编码100011）
印　　刷：北京云浩印刷有限责任公司
装　　订：三河市振勇印装有限公司
787mm×1092mm　1/16　印张15$\frac{1}{4}$　字数294千字
2024年10月北京第1版第2次印刷

购书咨询：010-64518888　　　　　　　售后服务：010-64518899
网　　址：http://www.cip.com.cn
凡购买本书，如有缺损质量问题，本社销售中心负责调换。

定　价：69.80元　　　　　　　　　　　　　　　　版权所有　违者必究

制造业是立国之本、兴国之器、强国之基。打造具有全球水准的制造业体系，是提升国家综合国力与核心竞争力、保障国家安全和促进可持续发展的必由路径。中国制造不仅实现了数量扩张，而且在质量上也有了显著提升。然而近年来，市场和竞争格局的变化，对中国制造提出了严峻的挑战，迫使中国制造的竞争重心向中高端产品和中高端市场转移。

那么中国制造应该如何制胜中高端产品和中高端市场呢？关键在于可靠的品质以及合理的成本。为了实现这两点，中国制造需要从硬件和软件两方面入手。

首先，在硬件上提升生产工艺和装备水平，即通过大幅投资生产工艺和生产设备来提高产品质量和生产效率。其次，在软件上提高生产管理水平，普及卓越绩效、六西格玛、精益管理、质量诊断、质量持续改进等先进生产管理模式和方法，即通过完善内部管理手段和提高管理能力来实现产品质量及生产效率的提升。

其中的精益管理要求企业的各项活动都必须运用"精益思维"（lean thinking）。"精益思维"的核心就是以最小资源投入，包括人力、设备、资金、材料、时间和空间，创造出尽可能多的价值，为顾客提供新产品和及时的服务。其最终目标必然是企业利润的最大化，但管理中的具体目标，则是通过消灭生产中的一切浪费来实现成本的最低化。

很多的企业在追求精益管理，但是效果不佳，基于中国企业精益管理的现状，为适应智能制造和管理升级的需要，我们组织相关制造业咨询专家，结合制造业实际情况，编写了本书。

本书的特点是内容深入浅出、文字浅显易懂，注重实操性，具有很强的借鉴意义。笔者将深奥的理论用平实的语言讲出来，让初次接触精益管理的企业管理人员也能看得懂。同时，本系列图书利用图解的方式，能使读者阅读更轻松、理解更透彻、应用更方便。另外，本系列图书特别突出了企业在管理实践过程中的实际操作要领，读者可以结合自身情况进行分析和学习，并直接应用于工作中，具有很高的参考价值。

《精益生产管理实战手册（图解升级版）》一书包括导读（如何做好精益生产管理）、精益生产概述、精益生产方法和工具、精益生产实现的基础、精益生产之计划管理、精益生产之生产控制、精益生产之品质管理、精益生产之成本控制、精益生产之库存控制、精益生产之智能制造等内容。

由于笔者水平有限，书中难免出现疏漏与缺憾，敬请读者批评指正。

编者

目录

导读 如何做好精益生产管理 1

第一章 精益生产概述 3

第一节 精益生产的认知 5
一、精益生产的产生 5
二、精益生产的含义 6
三、精益生产的核心思想 6
四、精益生产的特点 7
五、精益生产的终极目标 7

第二节 精益生产注意要点 8
一、精益生产方式与大批量生产方式的差别 8
二、企业常见的浪费现象 10
三、成功实施精益生产的关键要素 14
四、精益生产的四个误区 15
五、我国企业实施精益生产的八大问题 17

第二章 精益生产方法和工具 19

第一节 精益生产的方法 21
一、准时化生产 21
二、均衡化生产 24
三、一个流生产 32

　　　　四、拉动式生产...39

第二节　精益生产管理工具...41

　　　　一、工业工程...41

　　　　二、价值流程图...44

　　　　三、标准化作业...46

　　　　四、目视管理...49

　　　　五、看板管理...53

　　　　六、定置管理...60

　　　　七、防呆法...67

　　　　八、快速换模...72

第三章　精益生产实现的基础...87

第一节　全员持续改善...89

　　　　一、改善是全员参与的事...89

　　　　二、改善的目的——解决问题...89

　　　　三、改善提案制度...92

第二节　现场开展 5S 活动...96

　　　　一、整理（seiri）...96

　　　　二、整顿（seiton）..98

　　　　三、清扫（seiso）..101

　　　　四、清洁（seiketsu）...101

　　　　五、素养（shitsuke）..102

第三节　全员生产维修...102

　　　　一、全员生产维修的特点...102

　　　　二、全员生产维修的目标...103

　　　　三、全员生产维修的理论基础.......................................103

　　　　四、全员生产维修给企业带来的效益...........................104

　　　　五、推行全员生产维修的要素.......................................104

　　　　六、全员生产维修的阶段和步骤...................................104

　　　　七、全员生产维修活动中的各层次的角色...................106

　　　　八、全员生产维修展开的八个支柱...............................106

第四节　全面质量管理 107
一、进行全面质量管理的益处 107
二、全面质量管理的特点 107
三、全面质量管理必须要做到"三全" 108
四、全面质量管理的内容 108
五、全面质量管理的推行要点 109

第四章　精益生产之计划管理 111

第一节　生产计划的制订 113
一、生产计划的认知 113
二、生产计划的制订依据 114
三、计划前订单审查 114
四、生产计划制订步骤 116

第二节　生产计划的执行 120
一、生产计划的落实 120
二、生产计划的协调 122
三、计划延误的处理 123
四、生产计划的变更 124
五、插单与急单应急处理 125

第五章　精益生产之生产控制 127

第一节　生产现场管理 129
一、现场派工 129
二、调遣多能工 130
三、弹性配置作业人数 131
四、适时巡查现场 132
五、现场环境的控制 134

第二节　生产进度控制 136
一、生产进度全程控制方法 136
二、生产进度落后改善 139

三、生产异常的处理 141

　　四、交货期的控制 145

第六章　精益生产之品质管理 147

第一节　品质管理规划 149

　　一、制定品质方针 149

　　二、制定品质目标 150

　　三、品管人员的配置管理 153

　　四、充实品质管理文件 156

　　五、制定品质检验标准 158

第二节　生产品质管理关键 161

　　一、严格执行"三不原则" 161

　　二、全员参与品质管理 163

　　三、监督产品检验 163

　　四、开展品管圈活动 165

　　五、实施质量管理体系认证 167

　　六、推行产品认证 169

第七章　精益生产之成本控制 171

第一节　生产成本与其控制程序 173

　　一、生产成本的定义 173

　　二、生产成本的构成 173

　　三、生产成本控制基本程序 174

第二节　生产成本控制方法 176

　　一、建立成本控制制度 176

　　　　【精益范本】定额实施管理办法 178

　　二、消除浪费 182

　　三、设定标准时间 184

　　四、实施以旧换新 187

　　五、开展修旧利废活动 187

　　六、加强节能降耗管理 188

第八章　精益生产之库存控制 ... 189

第一节　库存概述 ... 191
一、库存的类型 ... 191
二、库存的成本 ... 192
三、库存产生的原因 ... 193

第二节　库存管理作业要点 ... 195
一、设立库存控制点 ... 195
二、对物料入库时间加以控制 ... 198
三、对物料入库数量进行控制 ... 201
四、物料尾数进行合并控制 ... 204
五、削减库存 ... 207

第三节　库存管理的完善 ... 210
一、把整个企业当作一个资材仓库看待 ... 210
二、把企业分为资材库和产品库 ... 211
三、将在制品库存从资材仓库分离出来 ... 212
四、企业外部的在制品也要管理 ... 212
五、工程别的在制品库存的管理 ... 214

第九章　精益生产之智能制造 ... 215

第一节　智能制造概述 ... 217
一、智能制造认知 ... 217
二、精益生产与智能制造的关系 ... 217
三、实现智能制造的十步 ... 218

第二节　助力精益生产和智能制造的软件 ... 221
一、车间制造执行系统 ... 222
二、安灯系统 ... 225
三、高级计划与排程系统 ... 228
四、车间电子看板系统 ... 231

参考文献 ... 235

如何做好精益生产管理

情景导入

小刘是一家机电配件厂的生产部基层管理人员,现在正作为该厂的代表,参加由市总工会举办的"××市优秀员工精益生产管理"的培训。

"大家好,我是杨华,是这次负责给大家培训的老师。在今后的三天里,将由我和大家共同探讨学习。如果不介意,就请叫我'杨老师'吧!在座的各位都来自各公司,相信都是公司中的佼佼者!所以,今天很荣幸能与各位共同分享知识和交流经验。"杨老师做了简单的开场白,随后又说,"好了,现在轮到各位做自我介绍了!请大家放松,相信通过这三天的学习,我们彼此都会成为好朋友,所以不必拘谨。"

"好的,请第二排穿白衬衣的先生做一下自我介绍,大家欢迎!"有一位学员举了手,杨老师便叫他做自我介绍。

"大家好!很高兴认识各位,我叫张××,我来自××公司,我们公司是一家塑胶模具厂。以后大家就叫我'小张'吧!希望在这三天的学习中,我们都能成为好朋友!"学员小张开了一个很好的头。

"我叫刘××,很高兴认识大家,我所在的公司是一家机电配件厂。以后大家就叫我'小刘'吧!"学员小刘的自我介绍言简意赅。

……

大家纷纷做完了自我介绍。

"听完大家的自我介绍,我觉得都说得很好,不愧都是各家公司最棒的员工!现在,我们开始进入正题。今天,我们的第一堂课,就是请大家讨论'如何才能做好精益生产管理'。"杨老师说道。

"我认为做好精益生产管理,首先要做好精益生产计划,并且在各生产环节实行精益管理。""我认为精益生产,一定要……"大家都纷纷发表自己的看法。

"好!现在请各位用一句话概括,将你们所认为的精益班组所需要的条件写在纸上,我会进行一个小小的统计。现在,请写好之后交给我,然后休息10分钟,咱们继续讨论。"

……

"好的,我刚才已经将大家的看法做了一个小小的汇总并进行了分类。

对精益生产的要求,主要包括以下七个方面,即:生产计划、生产过程控制、品质管理、生产设备、采购与仓储、生产安全、生产成本。我将在接下来的课程中,一一同大家共同学习讨论。"

备注:人物简介

(1)杨老师:杨老师是××咨询公司首席顾问,多家培训机构的签约培训师,服务过多家大型企业。杨老师授课诙谐幽默、针对性强,能把管理当故事讲。通过理论与实际的整合,形成了一套可行的、实战的精益生产管理运作模式,受到各地企业界和政府部门的热烈响应,并得到一致好评。

(2)小刘:小刘是某家机电配件厂的一名生产部基层管理人员,这次作为该厂的优秀员工来参加此次优秀员工培训。

(3)其他员工:在本书情景导入中的小李、小张、小王等均为参加本次培训的优秀员工。

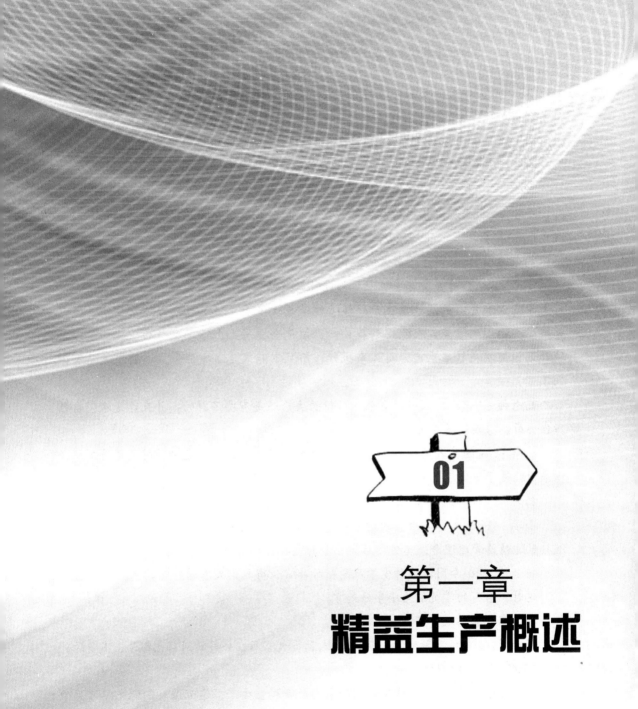

第一章
精益生产概述

休息15分钟后,大家又回到了教室,杨老师示意继续上课。

杨老师:"上节课我们讨论了'如何做好精益生产管理',那么这节课中,我们一起来了解一下精益生产。"

台下学员们陷入思考。

杨老师:"我想问问大家,大家对精益生产了解多少呢?"

小李:"厂里可以见到精益生产的宣传标语,但是我觉得我公司离精益的目标还相差很远。"

杨老师:"你公司是怎么做的呢?"

小李:"我公司并没有系统地培训过什么是精益生产,只是挂一些宣传标语,呼吁大家减少浪费。虽然精益生产的核心就是减少浪费,但是我觉得精益生产并不只是减少表面上的浪费。我觉得精益生产应该是全公司上上下下参与的,比如管理层做计划如何实施精益生产,员工来执行,而且不能只是发布任务,还要跟进是否做到了。"

杨老师:"你说得很对,看来你对精益生产还是有些了解的,并且你是希望自己所在公司能够实现精益生产的。"

小李:"是的,我觉得精益生产是很好的生产方式,不管是对公司还是员工。减少浪费就等于降低了成本,成本降低了收益就提高了。"

杨老师:"很好,平时关注一些精益生产的知识吗?"

小李:"平时工作之余喜欢看看书,上网了解一些新资讯,以前没参加工作时候就接触过精益管理理念,工作之后自己有时候也会琢磨一下。"

杨老师:"小李同学这种爱学习的精神非常值得我们大家学习呀。"

这时,台下的学员们为小李鼓起掌。

小李不好意思地笑笑。

杨老师:"好了。了解到了小李的想法,估计大家所在公司的问题也都是差不多的。"

"是的。"学员们说。

杨老师:"那么,我们这次培训的主题就是精益生产,这节课我们就先学习关于精益生产的一些基础知识。"

第一节　精益生产的认知

一、精益生产的产生

（一）精益理念的起源

精益理念源自精益生产（lean production），是衍生自丰田公司生产方式的一种管理哲学。丰田公司在不断探索新的生产模式的过程中发现，小批量生产比大批量生产成本更低，而造成这种现象的原因有两个，如图1-1所示。

根据这两个原因，丰田公司得出结论，应该将产品的库存时间控制在2小时以内，这就是准时生产方式（just in time，JIT）和零库存的雏形，也就是精益理念的起源。

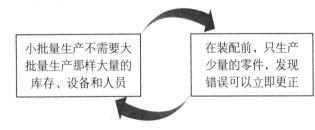

图1-1　小批量生产成本更低的原因

（二）精益生产方式的形成

精益生产方式的形成过程可以大致划分为四个阶段，具体如图1-2所示。

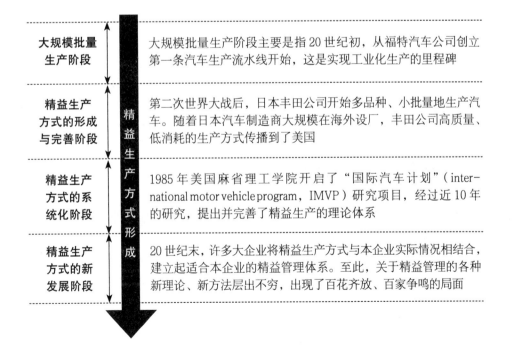

图1-2　精益生产方式的形成

二、精益生产的含义

精益生产（lean production，LP）是美国麻省理工学院数位国际汽车计划组织（IMVP）的专家对日本"丰田JIT（just in time）生产方式"的赞誉之称，具体如图1-3所示。

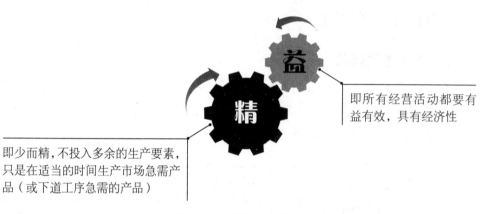

即少而精，不投入多余的生产要素，只是在适当的时间生产市场急需产品（或下道工序急需的产品）

即所有经营活动都要有益有效，具有经济性

图1-3 精益生产的含义

精益生产是当前工业界最佳的一种生产组织体系和方式。

精益生产既是一种以最大限度地减少企业生产所占用的资源和降低企业管理和运营成本为主要目标的生产方式，同时它又是一种理念，一种文化。

讲师提醒

实施精益生产就是决心追求完美的历程，也是追求卓越的过程，它是支撑个人与企业生命的一种精神力量，也是在永无止境的学习过程中获得自我满足的一种境界。其目标是精益求精，尽善尽美，永无止境地追求终极目标。

三、精益生产的核心思想

浪费问题已经严重制约国内生产企业的发展，资源投入与产出比例不相匹配，成本居高不下，且产品质量不能保证。

精益生产是精益管理思想产生的源泉，精益管理思想和浪费直接对立，其核心思想就是最大限度地细化工作流程、消除浪费和一切非增值活动，以最小的投入获得最大的产出，向市场提供成本最低、质量最好的产品，以满足市场的需求。简言之，精益生产就是最大限度地消除浪费，通过消除那些被认为是有浪费的活动来为顾客创造更多价值的一种工具、活动或过程。

四、精益生产的特点

大部分企业都已经认识到精益生产对其的重要性。精益生产可以在一定程度上提高企业的生产效率，同时可以在一定程度上增强企业的竞争力。那么精益生产有什么特点呢？如图1-4所示。

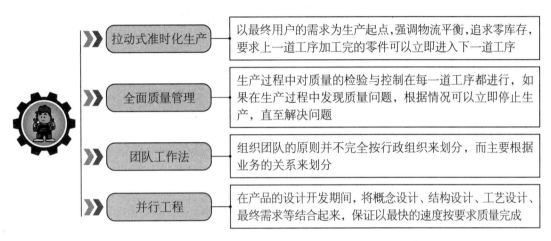

图1-4 精益生产的特点

五、精益生产的终极目标

精益生产的终极目标可以概括为七个零，具体如图1-5所示。

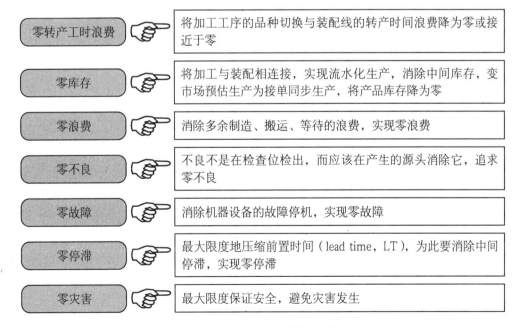

图1-5 精益生产的终极目标

第二节 精益生产注意要点

一、精益生产方式与大批量生产方式的差别

精益生产作为一种从环境到管理目标都是全新的管理思想，在实践中取得成功，并不是简单地应用了一两种新的管理手段，而是一套与企业环境、文化以及管理方法高度融合的管理体系，因此精益生产本身就是一个自治的系统。

（一）优化范围不同

精益生产方式与大批量生产方式优化范围的不同之处如图1-6所示。

精益生产方式以产品生产工序为线索，组织密切相关的供应链，一方面降低企业协作中的交易成本，另一方面保证稳定需求与及时供应，以整个大生产系统为优化目标

大批量生产方式源于美国，是基于美国的企业间关系，强调市场导向，优化资源配置，每个企业都以财务关系为界限，优化自身的内部管理。而相关企业，无论是供应商还是经销商，都以对手关系相对待

图1-6　精益生产方式与大批量生产方式优化范围的不同之处

（二）对待库存的态度不同

精益生产方式与大批量生产方式对待库存态度的不同之处如图1-7所示。

精益生产方式的库存管理强调"库存是万恶之源"。精益生产方式将生产中的一切库存视为"浪费"，同时认为库存掩盖了生产系统中的缺陷与问题，应不断降低库存来消灭库存产生的"浪费"

大批量生产方式的库存管理强调"库存是必要的恶物"，应当保留必要库存

图1-7　精益生产方式与大批量生产方式对待库存态度的不同之处

（三）业务控制观不同

精益生产方式与大批量生产方式的业务控制观不同之处如图 1-8 所示。

精益生产方式源于日本，深受东方文化影响，在专业分工时强调相互协作及业务流程的精简（包括不必要的核实工作）——消灭业务中的"浪费"

传统的大批量生产方式的用人制度基于双方的"雇佣"关系，业务管理中强调达到个人工作高效的分工原则，并以严格的业务稽核来促进与保证，同时稽核工作还防止个人工作对企业产生的负效应

图 1-8　精益生产方式与大批量生产方式的业务控制观不同之处

（四）质量观不同

精益生产方式与大批量生产方式质量观的不同之处如图 1-9 所示。

精益生产方式的核心思想是，以全过程的高质量为基础，通过消除产生质量问题的生产环节来"消除一切次品所带来的浪费"，追求零不良

传统的大批量生产方式将一定量的次品看成生产中的必然结果

图 1-9　精益生产方式与大批量生产方式质量观的不同之处

（五）对人的态度不同

精益生产方式与大批量生产方式对人态度的不同之处如图 1-10 所示。

精益生产方式强调个人对生产过程的干预，尽力发挥人的能动性，同时强调协调，对员工个人的评价也是基于长期的表现。这种方法更多地将员工视为企业团体的成员，而非机器。充分发挥基层的主观能动性

大批量生产方式强调管理中的严格层次关系。对员工的要求在于严格完成上级下达的任务，人被看作附属于岗位的"设备"

图 1-10　精益生产方式与大批量生产方式对人态度的不同之处

二、企业常见的浪费现象

实施精益生产的主要目的在于消除生产中的浪费现象，从而最大限度地提升企业管理水平，使生产工作有序进行。

（一）生产现场中的浪费

生产现场中常见有七大浪费。

1. 不良、修理的浪费

这是指工厂内发生不良品，需要进行处置的时间、人力、物力上的浪费，以及由此造成的相关浪费，如图1-11所示。

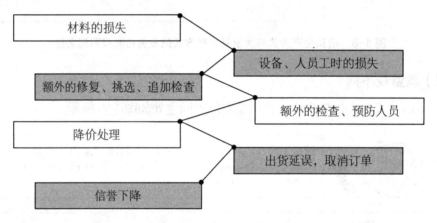

图1-11 不良、修理的浪费

2. 加工的浪费

加工的浪费也称为"过分加工浪费"，一方面是指多余的加工，另一方面是指过分精确的加工。如实际加工精度比加工要求高，造成资源的浪费，需要多余的作业时间和辅助设备，生产用电、气压、油等能源浪费，管理工时增加等。

3. 动作的浪费

生产现场作业动作的不合理导致时间浪费，如物品取放、反转、对准、作业、步行、弯腰、转身等。

4. 搬运的浪费

搬运是一种不产生附加价值的动作。搬运的损失分为放置、堆积、移动、整列等动作浪费；物品移动所需要的空间浪费、时间的浪费、人力工具的占用等。

5. 库存的浪费

库存量越大，资金积压越多。库存包括：零部件、材料的库存，半成品的库存，成品的库存，已向供应商订购的在途零部件，已发货的在途成品。库存浪费的主要表现如图1-12所示。

图 1-12 库存浪费的主要表现

- 产生不必要的搬运、堆积、放置、防护、寻找等浪费的运作
- 使先入先出作业困难
- 占用资金（损失利息）及额外的管理费用
- 物品的价值衰减，变成呆料、废料
- 占用空间，影响通过，且造成多余的仓库建设投资的浪费
- 掩盖问题、能力不足被隐藏

6. 制造过多（早）的浪费

精益生产强调"适时生产"。必要的东西在必要的时候，生产出必要的数量，此外都是浪费。而所谓必要的数量和必要的时间，就是指顾客（或下道工序）已决定要的数量与时间。

制造过多与过早的浪费在七大浪费中被视为最大的浪费，其原因如图 1-13 所示。

- **原因一**：它只是提早用掉了费用（材料费、人工费）而已，并不能得到多少实在的好处
- **原因二**：它会把"等待的浪费"隐藏起来，使管理人员漠视等待的发生而使之永远存在下去，失去了不断改善进而增强企业"体质"的机会
- **原因三**：它会使工序间积压在制品，制造周期变长，且使所需的空间变大（许多企业车间如仓库，到处都是原材料、在制品、完成品，或许多占用面积不小的所谓中转站，这些都是十分典型的现象）
- **原因四**：它会产生搬运、堆积的浪费，并使得先入先出作业变得困难
- **原因五**：需要增加踏板、包装箱（周转箱）等容器
- **原因六**：库存量变大，管理工时增加
- **原因七**：利息负担增加

图 1-13 制造过多（早）的浪费的原因

7. 等待的浪费

因断料、作业不平衡、计划不当等造成无事可做的等待，也称为停滞的浪费。等待的浪费主要有图 1-14 所示的几种。

01	生产线的品种切换
02	每天的工作量变动很大，当工作量少时，便无所事事
03	时常因缺料而使机器闲置
04	因上道工序发生延误，导致下道工序无法运作
05	机器设备时常发生故障
06	生产线未能取得平衡
07	有劳逸不均的现象
08	材料虽已备齐，但制造通知单或设计图并未送来，导致等待

图 1-14　等待的浪费

 事实上，现在还存在第八种浪费，那就是员工智慧和创造力浪费，这是指员工由于从事的工作单调乏味而导致创造力丧失，这也是一种巨大的浪费。

（二）管理工作中的浪费

现场出现浪费，一定是管理出现了问题，现场的浪费源于管理的浪费。管理上的浪费，分类如下。

（1）配置的浪费。配置的浪费如图1-15所示。

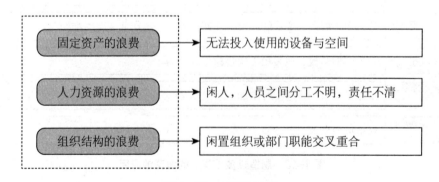

图 1-15　配置的浪费

闲置的资产需要花时间、人力与财力维护，闲置的组织与人员还会引起各种纠纷，这些都会进一步浪费企业的资源。

（2）计划的浪费。计划的浪费如图1-16所示。

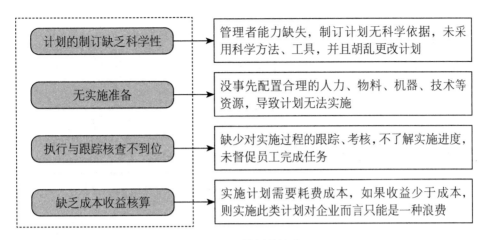

图1-16　计划的浪费

上述计划的制订、准备、追踪、审核都不到位，会造成人力资源、物料资源、时间资源的极大浪费，大大增加企业的经营成本。

（3）流程的浪费。流程的浪费如图1-17所示。

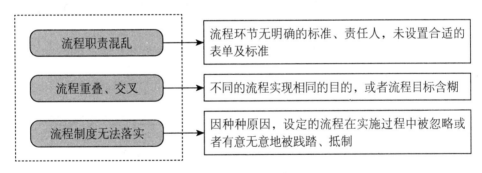

图1-17　流程的浪费

（4）信息的浪费。信息的浪费如图1-18所示。

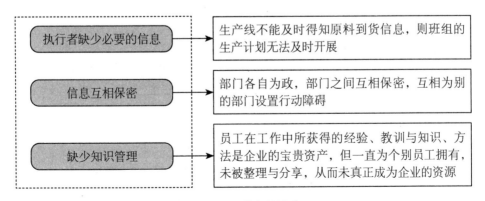

图1-18　信息的浪费

（5）沟通的浪费。沟通的浪费如图1-19所示。

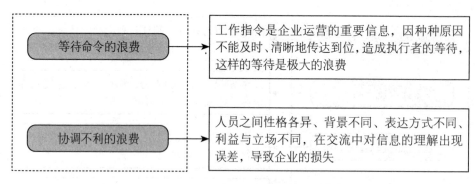

图1-19 沟通的浪费

三、成功实施精益生产的关键要素

成功实施精益生产必须包含一些关键要素，否则很难取得成功，其关键要素如图1-20所示。

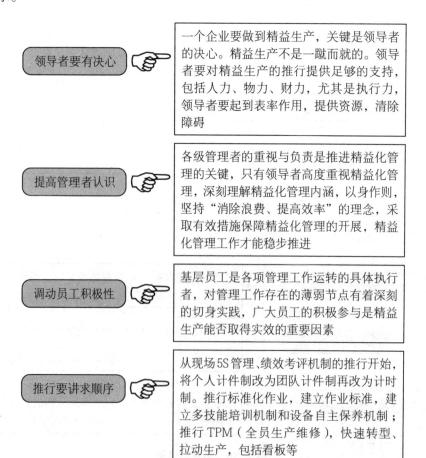

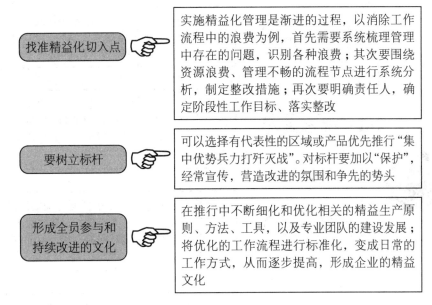

图 1-20　成功实施精益生产的关键要素

四、精益生产的四个误区

精益生产致力于改进生产流程中的每一道工序，尽最大可能消除浪费。精益生产要确保每一个产品只能严格地按照唯一正确的方式生产和安装，而在库存管理上，要做到库存最低。然而，很多企业在精益生产过程中存在一些误区，如图 1-21 所示。

图 1-21　精益生产的四个误区

（一）盲目追求"一个流"生产

"一个流"生产就是各工序只有一个工件在流动，使工序从毛坯到成品的加工过程始终处于不停滞、不堆积、不超越的流动状态，是一种工序间在制品向零挑战的生产管理方式。通过追求"一个流"，使各种问题、浪费和矛盾明显化，迫使人们主动解决现场存在的各种问题，实现人尽其才、物尽其用、时尽其效。同时达到在制品存量少，有利于保证产品品质的目的。

但是"一个流"生产有明显的限制因素，如图 1-22 所示。

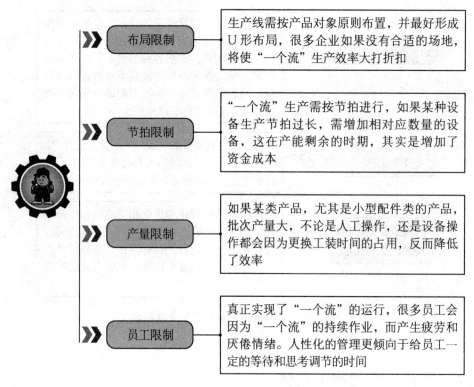

图 1-22 "一个流"生产存在的限制因素

(二）盲目追求零库存

零库存管理概念不是指以仓库储存的某种或某些物品的储存数量真正为零，而是通过实施特定的库存控制策略，实现库存量的最小化。实现零库存管理的目的是减少资金占用量和提高物流运动的经济效益。

为了避免盲目追求零库存，企业要考虑两个方面因素，如图 1-23 所示。

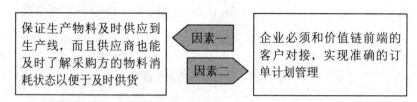

图 1-23 企业零库存要考虑的因素

(三）全面铺开却流于形式的精益管理

精益生产体系实际是由车间管理、质量管理、工艺管理、现场管理、物流与供应链管理等多种管理组合而成的综合系统。很多企业在推行精益管理时，往往会选择全面铺开的策略。但实施精益生产是一场生产方式的变革，是需要时间的积累才能实现的。企业应做好三个方面的工作来避免精益管理流于形式，如图 1-24 所示。

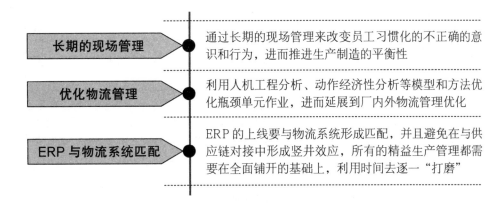

图 1-24 避免精益管理流于形式的三方面工作

（四）忘记了人是精益生产的根本

精益生产体系建设的核心是班组团队建设，其实质是打造能实现自主管理、不断追求精益的班组管理团队。精益生产也强调将员工的智慧和创造力视为企业的宝贵财富及未来发展的原动力。所以精益生产企业里员工被赋予了极大的权利，体现了员工是企业主人的精神，并且企业人事组织结构趋于扁平化。实际上，精益生产更应该被定义成一种全新的企业文化，它作为一种管理理念渗透在生产的每个环节中。

五、我国企业实施精益生产的八大问题

我国许多企业认识到了精益生产的重要作用，也推行了精益生产，但是往往存在各种各样的问题，具体总结如图 1-25 所示。

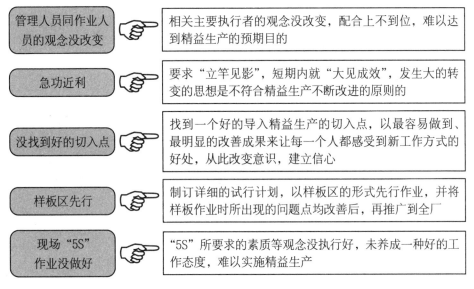

图 1-25

问题	说明
实施过程遇到困难就停滞不前	"三个臭皮匠，胜过诸葛亮"，要集思广益，准备多个解决方案。打开心胸，吸取不同意见，不要解释不能做的理由，要想出做下去的办法。不要等到十全十美，有五分把握就可以动手
投入资金太多	改善要以不花钱为原则，不要一遇到问题点就想到投入新设备、新技术，应该尽量避免投入大量资金，能在现有的设施或基础上给予改进是最好的方案
缺乏整体配合	认为精益生产方式的实施只是IE（工业工程）工程师的责任，与其他的单位无关。若采购、物流、工程等单位不能充分协作，就算是有好的方案，也只会"昙花一现"，无法持续发挥精益的效能

图 1-25 我国企业实施精益生产的八大问题

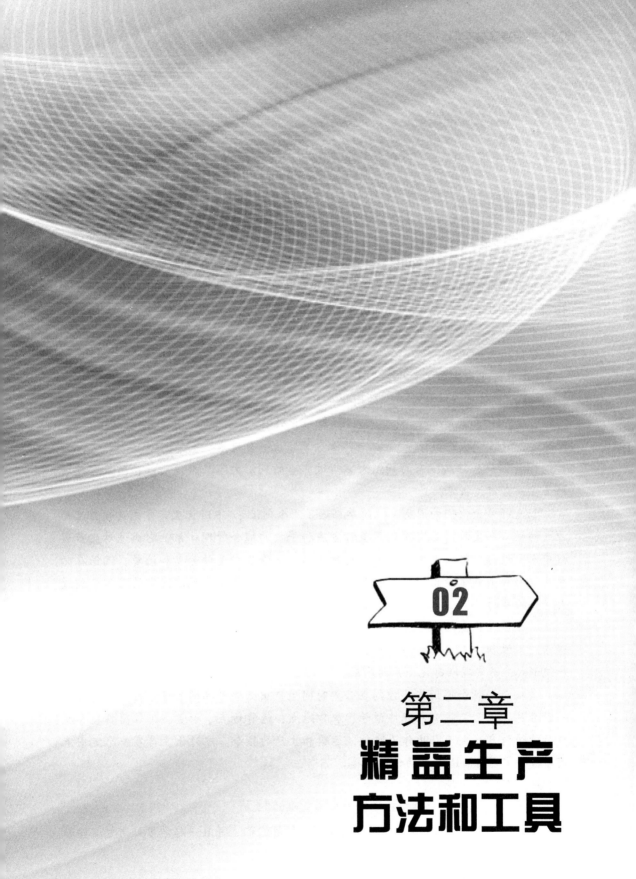

第二章
精益生产方法和工具

情景导入

杨老师:"上节课我们一起学习了精益生产的一些基础知识,那么有基础知识还是不够的,基础知识并不是我们这次培训的初衷。"

小王:"基础知识都是为实践服务的。"

杨老师:"说得对。但是,有了基础知识,还不足以服务生产实践,我们还需要了解一些实现精益生产的方法和精益生产常用的工具。很多企业都是仓促引进、急切引进精益生产,对精益生产的方法和工具都是一知半解或只是道听途说,听说精益生产很好就开干,比较急切地想获得精益改善的成果,操之过急反而弄巧成拙,这是错误的做法。"

"那有哪些方法和工具呢?"小王急切地问。

"管理方法有准时化生产、均衡化生产、一个流生产、拉动式生产。管理工具就有很多了,如IE工业工程、价值流程图、标准化作业、目视管理、看板管理、定置管理、防呆法、SMED快速换模等。"杨老师如数家珍地一一道来。

学员们一脸茫然,有的词汇大家听过,有的词汇大家从来没听过,而且究竟与精益生产有何关联呢?

杨老师看出他们的困惑,就简单描述了几个词汇:"准时化生产方式是精益生产方式的核心和支柱,是有效运用多种方法和手段的综合管理体系,它通过对生产过程中人、设备、材料等投入要素的有效使用,消除各种无效劳动和浪费,确保在必要的时间和地点生产出必要数量和质量的必要产品,从而实现以最少的投入得到最大产出的目的。

一个流生产是指从毛坯投入到成品产出的整个制造加工过程,零件始终处于不停滞、不堆积、不超越,按节拍一个一个流动的生产方法。一个流是准时化生产的物流形式,是实现准时化生产的基础。

看板是一种能够调节和控制在必要时间生产出必要产品的管理手段。它通常是一种卡片,上面记载有零部件型号、取货地点、送货地点、数量、工位器具型号及盛放量等信息,生产以此作为取货、运输和生产的指令。准时化生产在一个流中采用看板来实现前后道工序的信息连接。

……"

小王:"这就是我们这节课要学习的内容吗?"

杨老师:"是的。我们这节课就是要深入了解它们,并且一起学习如何把这些融入工作中,如何改善生产。"

第一节 精益生产的方法

一、准时化生产

准时化生产（JIT）就是通过在需要时接收物料和生产商品，来帮助制造企业降低与库存相关的成本。

（一）准时化生产（JIT）的定义

准时化生产方式是起源于日本丰田汽车公司的一种生产管理方法。它的基本思想可用现在已广为流传的一句话来概括，即"只在需要的时候，按需要的量生产所需的产品"，这也就是 just in time（JIT）一词所要表达的本来含义。这种生产方式的核心是追求一种无库存的生产系统，或使库存达到最小的生产系统。为此而开发了包括"看板"在内的一系列具体方法，并逐渐形成了一套独具特色的生产经营体系。准时化生产方式在最初引起人们的注意时曾被称为"丰田生产方式"，后来随着这种生产方式被人们越来越广泛地认识研究和应用，特别是引起西方国家的广泛注意以后，人们开始把它称为 JIT 生产方式。

（二）精益生产（lean）和准时化生产（JIT）的区别

1. 概念不同

精益生产（lean）是通过系统结构、人员组织、运行方式和市场供求等方面的变革，使生产系统能很快适应用户需求不断变化，并能使生产过程中一切无用、多余的东西被精简，最终达到产供销完美的一种生产管理方式。与传统的大生产方式不同，其特色是"多品种"，"小批量"。

准时化生产（JIT）是指在需要的时候按需求量生产所需产品的生产方式。避免了因需要的变化而造成的大量产品的积压、贬值，以及由于次品在流水线上未被发现所造成的浪费，消除大量库存，避免无效劳动和浪费，从而达到缩短生产周期、加快资金周转和降低生产成本的目的。

2. 实质不同

精益生产（lean）是指少而精，不投入多余的生产要素，只是在适当的时间生产必要数量的市场急需产品。益，即所有经营活动都要有益有效，具有经济效益。

准时化生产（JIT）是实现精益生产的一种方式，其核心是消除一切无效劳动和浪费，它把目标确定在尽善尽美上，通过不断地降低成本、提高质量、增强生产灵活性、实现无废品和零库存等方式确保企业在市场竞争中的优势。

同时，精益生产（lean）把责任下放到组织结构的各个层次，采用小组工作法，充分调动全体职工的积极性和聪明才智，把缺陷和浪费及时地消灭在每一个岗位。

3. 特点不同

准时化生产（JIT）的实质是保持物质流和信息流在生产中的同步，实现以恰当的物料，在恰当的时候进入恰当的地方，生产出恰当质量的产品。这种方法可以减少库存、缩短工时、降低成本、提高生产效率。

精益生产（lean）中的精表示精良、精确、精美，益表示利益、效益。精益生产（lean）就是及时制造、消灭故障、消除一切浪费，向零缺陷、零库存进军。

（三）准时化生产（JIT）的目标

JIT方式的目标是彻底消除无效劳动造成的浪费。用专业化的术语来说明，JIT寻求达到以下目标：

（1）废品量最低（零废品）；

（2）准备时间最短（零准备时间）；

（3）库存量最低（零库存）；

（4）搬运量最低；

（5）机器损坏率低；

（6）生产提前期短；

（7）批量小。

（四）准时化生产系统设计与计划技术

为达到准时化生产、杜绝浪费、合理利用资源，在JIT系统中要进行广义的生产系统设计。JIT生产系统设计与计划技术体现JIT的新思维，同时为JIT的生产现场管理与控制打下基础。

JIT系统建立在一系列生产管理技术的基础上，这些技术主要涉及以下五个方面。

1. 快速应变的产品设计

产品设计应满足市场的需求是JIT方式的基本原则，为适应市场多变的要求，产品范围应不断拓宽，在传统生产系统中，产品范围扩大，一般要增加工艺的变化范围，使加工过程更复杂。在JIT方式中，试图通过产品的合理设计，使产品易生产、易装配。当产品范围增加时，力求维持工艺过程不增加，具体采用的方法有：

（1）模块化设计；

（2）设计时应考虑易实现生产自动化；

（3）新设计的产品尽量采用通用件、标准件。

2. 均衡化生产

达到准时化生产，其基础为均衡化生产，即平均制造产品，使物流在各作业之间、生产线之间、工序之间、工厂之间平稳、均衡地流动。

为达到均衡化，在JIT中采用月计划和日计划（图2-1），并根据需求变化及时调整计划。

月计划

月计划是根据三个月的生产计划和月需求预测，确定月生产的产品品种及每种产品的产量。月计划确定后，可以将产量平均分配到每个工作日，形成每日平均产出量

日计划

为了在日计划中均匀分布各种产品的生产，达到品种平均，在生产中常采用混流生产模式（混合流水线），即在一定时间内同时生产几种产品

图2-1 JIT中的月计划、日计划

按实际需求调整日计划是JIT的思想，JIT系统除了向总装配工序提出顺序计划外，不向其他工序提供计划，对总装配之外的生产工序利用"看板"进行现场控制。

3. 持续地降低在制品库存

在制品库存一般可分为三类，即运输在制品、周转在制品和安全在制品。降低在制品的库存应分别对这三种类型采取措施，见表2-1。

表2-1 在制品库存的分类

序号	类型	说明
1	运输在制品	运输在制品是指处在移动和等待状态的在制品
2	周转在制品	周转在制品的形成是由于加工批量太大。而加工批量大的原因是准备时间长和准备成本高。减产准备时间（即降低准备成本）可使批量降低。在JIT中缩短准备时间常用的原则是： （1）区分内部工装调整转变为外部工作调整； （2）尽量将内部工装调整转变为外部工作调整； （3）尽量减少调整时间，可能的话取消调整环节； （4）实现自动化，实现自动完成定位、切换和加工程序的转换 JIT的实践表明，缩短准备时间，是实现小批量直至单件流水生产的关键
3	安全在制品	安全在制品是为防止前后工序在加工时间的变异性和不匹配性可能造成的生产中断而设立的，其作用是使生产过程保持均衡稳定

4. 生产资源的优化

JIT生产资源的优化包括充分调动工人的积极性和提高设备柔性两个方面（图2-2）。

> 调动工人的积极性
>
> 在JIT生产方式中，设备常按U形成组加工单元形成布局，在一个加工单元中往往包括多种工艺设备

> 提高设备柔性
>
> JIT在产品设计时就考虑加工问题，发展多功能设备使之能提供满足市场不同需求的加工能力。多功能机器应能支持JIT生产，并有利于生产的稳定，这种概念的发展，就形成了柔性加工中心或柔性制造系统

图2-2 JIT生产资源的优化要点

5.JIT的质量控制

JIT方式中强调全面质量控制（TQC），目的是消除不合格品，消除可能引起不合格品的根源，并想办法解决问题。

检验人员的任务是防止不合格品产生，而不是简单地检出不合格品，JIT的质量控制则是要设计能自动检出不合格品的机器，这种机器应有两个功能：

（1）机械化地检出不正常或不合格品；

（2）当不合格品或不正常情况发生时，能自动停机或停线。不合格品发生时让机器停止，迫使人们调查问题的原因，进行改正，防止再发生类似的问题。

二、均衡化生产

（一）均衡化生产概念

均衡化生产也称平准化生产，各种产品的生产节拍与对应产品的平均销售节拍一致（图2-3）。

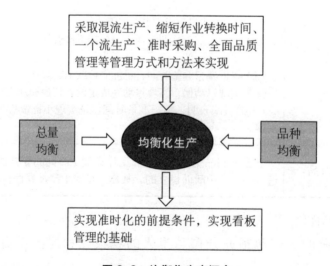

图2-3 均衡化生产概念

1. 总量均衡

总量不均衡的负面影响如图 2-4 所示。而总量均衡就是将一个单位期间内的总订单量平均化，即将连续两个单位期间的总生产量的波动控制到最低程度。

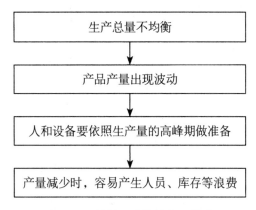

图 2-4　总量不均衡的负面影响

 精益案例 1

总量均衡案例分析

某月某产品的实际需求量为 400 台，一月生产 20 天，每天生产量的需求不同，最高日 30 台/天，最低日 10 台/天，如下图所示。

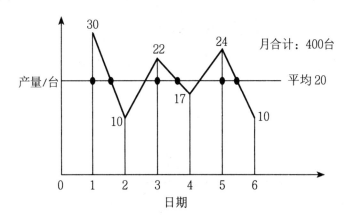

实施总量均衡前

如果采用总量均衡的办法，使日产量保持一致，即每天生产 20 台，则可以按这个产量准备人员以及生产要素。这样，总产量没有减少，人员以及生产要素却可以减少 1/3，成本也就随之降低。

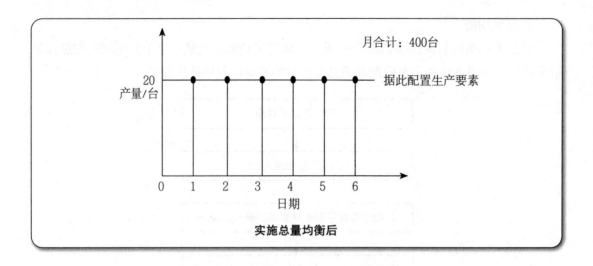

实施总量均衡后

实施总量均衡后,虽然每天按照相同的数量准备人员及生产要素,但需求仍有可能产生波动,可分为短期波动和长期波动两种情况。

(1)短期波动。

对于短期内需求有小幅度波动,当需求量增大时可以采取加班方式,需求量减少时则提早结束生产。

 精益案例 2

总量均衡案例分析

仍以某月生产 400 台产品为例,如在当天需求量稍大于 20 台时,靠加班即可解决;需求量小于 20 台时,提前结束生产。

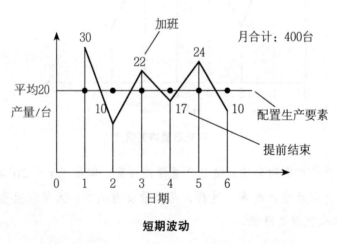

短期波动

(2）长期波动（图2-5）。

对于周期性的大幅波动，则需要重新进行总量均衡配置生产要素，而进行产品总量均衡的周期由产品特点及工厂管理能力而定：若产品需求量波动频繁则调整也应频繁进行；若工厂管理能力强则可以在需要的时候及时调整；若工厂管理能力不强则只能允许浪费的存在或供不应求。

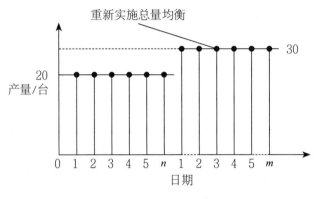

图2-5　长期波动

如果完全按照准时化生产，则会产生生产要素配置的浪费；如果不按准时化生产，则会产生库存浪费。因而要权衡产能损失与库存浪费的最佳平衡点。根据经验，日产量允许存在一定的变化幅度，但为保持人员和设备的稳定性，应把振幅控制在20%之内（图2-6）。

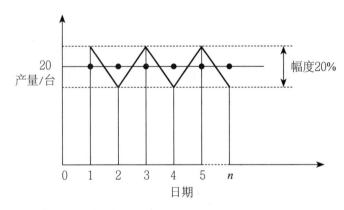

图2-6　总量均衡允许的产量波动幅度

总之，生产总量均衡可以防止两种浪费：

第一，工厂在不同时期不均衡造成的浪费；

第二，不同工序之间不均衡产生的浪费。

2.品种均衡

（1）品种均衡的概念。

品种均衡是指在一个单位期间内生产的产品组合平均化，使各种产品在不同单位期间不产生波动,在生产各种产品时所需前工序的零部件数量不产生波动。

精益案例 3

某车间某月有三种产品 X、Y、Z 需要生产。X 产品的需求数为 1000 件,Y 产品为 600 件,Z 产品为 400 件。假若每月工作日为 20 天,则传统生产计划安排为前 10 个工作日先将 X 产品生产完毕,然后 6 天生产 Y 产品,最后 4 天生产 Z 产品。这是一种常见的形态,也称分段生产。

传统的生产安排

单位:件

品种	总量	某月生产计划																				
		1	2	3	4	5	6	7	8	9	10	11	12	13	14	15	16	17	18	19	20
X	1000	←				1000					→										
Y	600											←			600			→			
Z	400																	←	400		→

由上表中可以看出,X 产品通常会导致较长时间的库存,而 Z 产品却大半个月无货可供。

传统的大批量生产的方法可以节省作业转换时间,但是,与市场需求会出现很大差异。为满足需求多样性,进行如下改进。

每天生产 X 产品 50 件,Y 产品 30 件,Z 产品 20 件,改进后的月生产排程如下表所示。

改进后的月生产安排

品种	总量/件	某月生产计划																				
		1	2	3	4	5	6	7	8	9	10	11	12	13	14	15	16	17	18	19	20
X	1000	←								50 件/日											→
Y	600	←								30 件/日											→
X	400	←								20 件/日											→

一个月 20 天每天重复 1 次,共 20 次,就可以每天生产出 X、Y、Z 产品,产品积压与短缺的情况将大大减少,生产资源利用率也将提高。但是应当设法减少每天作业转换的辅助时间。

这种以天为单位的生产安排，每天将依旧按照批量生产的方式，即先生产50件X产品，其次是30件Y产品，最后是20件Z产品。

改进后的日生产安排

单位：件

品种	总量	某日生产计划								
		8:00	9:00	10:00	11:00	12:00	13:00	14:00	15:00	16:00
X	1000	←			50			→				
Y	600						←|30|→		
Z	400									←20→

如果进一步细化生产单位，1天内产品X、Y、Z按照5：3：2的比例轮番生产。1/10个工作日重复1次，1天重复10次，1个月重复200次。

这样，对顾客的服务与对企业资源的利用情况就会更好，不仅使得在更短的周期内产品种类出现的比率是均衡的，而且使在这些产品的生产中消耗的前工序的零部件数量尽可能小地波动。

精益案例 4

例如，X、Y、Z三种产品各由A、B、C三种零件组成，如下表所示。

各产品零件构成

单位：件

产品名称	A零件	B零件	C零件
X产品	10	2	3
Y产品	2	5	2
Z产品	3	8	5

下表为X、Y、Z批量分别为50件、30件、20件时需要的各种零件数量。

改进前每天各产品零件消耗数量

单位：件

产品	批量	A零件	B零件	C零件
X产品	50	500	100	150
Y产品	30	60	150	60
Z产品	20	60	160	100

从上表中可知，每天按X、Y、Z各自批量生产，则各个零件波动较大。例如，当生产X产品时需要A零件为10个，当生产Y产品时需要A零件为2个，这样容易产生库存和人员的浪费。

如果1天内产品X、Y、Z按照5：3：2的比例进行轮番生产，1/10个工作日重复1次，则1/10个工作日内各个零部件的消耗速率就相同。

改进后的零部件消耗数量

单位：件

产品	批量	A零件	B零件	C零件
X	5			
Y	3	62	41	31
Z	2			
X	5			
Y	3	62	41	31
Z	2			
X	5			
Y	3	62	41	31
Z	2			

以这样的思路改进下去，不断细化生产单位，直到可以按照"X-Y-X-Z-X-Y-X-Z-X-Y"的顺序重复生产，达到最小的观察时间单位，满足精益生产倡导的以小时、分钟为单位进行安排的要求，实现均衡化生产。

按品种均衡就是要在一定的周期内各品种出现比率是均等的，并且时间、周期尽可能缩短，尽量细化观察标准，如图2-7和图2-8所示，这样使产品瞬时生产数量波动尽可能控制到最低程度。

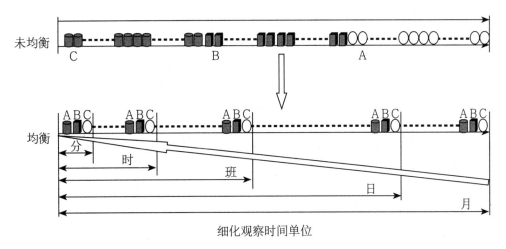

图 2-7 品种观察细化观察时间单位

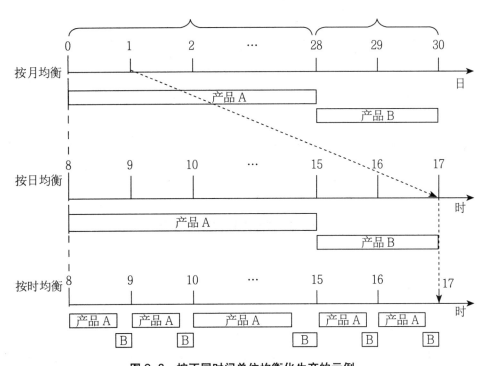

图 2-8 按不同时间单位均衡化生产的示例

（2）品种均衡的作用。

采用品种均衡后，通常把所需工时多的产品、所需工时一般的产品、所需工时少的产品合理地搭配，均衡地进行流水混流生产，可有效解决装配线平衡问题。

（二）实施均衡化生产的步骤

实施均衡化生产的步骤如图 2-9 所示。

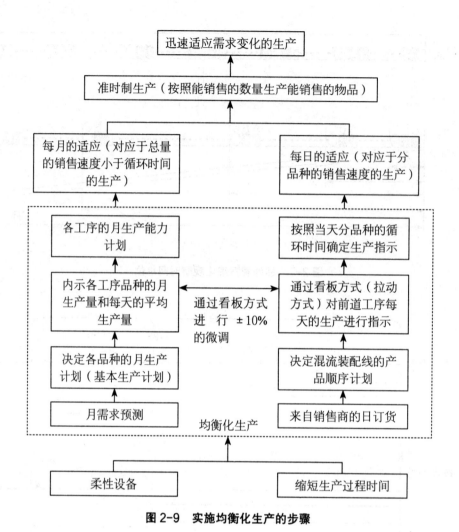

图 2-9　实施均衡化生产的步骤

三、一个流生产

精益生产的理念之一是没有价值的工作都是浪费，只做有价值的工作。为了消除传统生产方式中存在的大量浪费，精益生产方式中，企业应采用一个流生产，以最大限度地消除搬运、在制品多、可能出现大量不良品等无价值的现象。可以说，一个流生产是精益生产的根本，它可最大限度地杜绝各种浪费现象。

（一）何谓一个流生产

一个流生产是指将作业场地、人员、设备（作业台）进行合理配置，使产品在生产时，各工序中只有一个工件在流动，使工序从毛坯到成品的加工过程始终处于不停滞、不堆积、不超越的流动状态，是一种工序间在制品向零挑战的生产管理方式，其思想是改善型的。

一个流生产的优点是生产时间短，在制品存量少，占用生产面积小，易暴露问题点，容易适应市场与计划的变更，有利于保证产品品质，有利于安全生产，不需要高性能的、大型化的设备，降低管理成本，确保财产安全。

（二）一个流生产的八大重点

1. 单件流动

一个流生产要求产品生产的各道工序做到几乎同步进行，使产品实现单件生产、单件流动。

单件流动就是仅加工一件、检查一件、传送一件，使原材料经过一个个加工工序而成为成品，即避免批量进行加工，而应逐个完成零件在相关工序上的加工。

单件流动是一种将浪费"显露化"的思想与技术。

2. 按加工顺序排列设备

许多车间不同工序的生产设备之间距离很远，加工过程中产生的中间产品需要再花时间和人力才能被搬运到下一道工序，这被称为孤岛设备现象。

一个流生产要求放弃按设备类型排列的布局，而要按照加工顺序排列生产设备，避免孤岛设备现象的出现，尽可能使设备的布置流水线化，真正形成"一个流"。

3. 按生产节拍进行生产

一个流生产要求各道工序严格按照一定的生产节拍进行生产。如果各道工序的生产节拍不一致,将会出现产品积压(库存的浪费)和停滞(等待的浪费),无法形成"一个流"。企业具体需要做到以下三点。

（1）设法让生产慢的设备适当加快生产速度，生产快的设备适当减慢生产速度，每一道工序都按生产节拍进行生产。

（2）必须按事先计算的生产节拍进行生产。

（3）按客户的需求，适时、适量地生产合适的产品。

4. 站立式走动作业

实施站立式走动作业是实现一个流生产的基础。工人坐着工作时，很多动作都属于浪费。从准时制生产的角度来讲，为了调整生产节拍，有可能需要一个人同时操作两台或多台设备，这就要求作业人员不能坐着工作，而应该采用站立式走动作业的方式，从而提高工作效率。

5. 培养多能工

在传统生产方式中，工人通常只会操作一种设备。当A设备的生产能力很强而B设备的生产能力较弱时，很容易造成A设备的操作工人空闲而B设备的操作工人过于繁忙，从而导致生产不均衡。因此，培养多能工（即一人能操作多台设备或多个工序）有助于实现按生产量的变化随时进行人员增减。

6. 使用小型、便宜的设备

大型设备的生产能力很强，很容易让后道工序无法及时跟上，从而导致大量的中间产品积压。此外，大型设备还会造成投资和占地面积的增加。因此，一个流生产不主张采用自动化程度高、生产批量大的设备，而主张采用小型、便宜的设备。

7. "U"形、"二线"形或"O"形布置

如果将生产设备一字摆开，工人从第一台设备到最后一台设备就需要走动很远的距离，从而造成严重的人力浪费。因此，一个流生产要求设备（工序）按"U"形、"二线"形或"O"形排列，保证投入点与取出点在同一工作点，以节省人力，使物流线路顺畅，从而避免人力浪费。

8. 作业标准化

作业标准化是指每一个岗位、每一道工序都有一份作业指导书，并安排管理人员检查员工是否按照作业指导书的要求工作，这样就能强制员工严格按照既定的生产节拍进行生产。如果没有实现作业标准化，那么企业就无法控制生产一个产品的时间，也就无法控制生产节拍，更无法保证形成一个流。

一个流生产和批量生产的简单比较如图2-10所示。

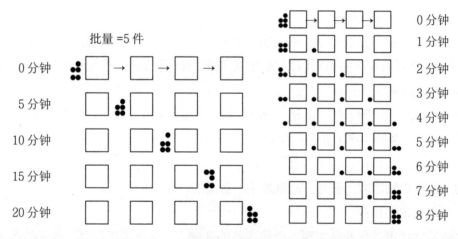

图2-10　一个流生产和批量生产的简单比较

每台设备的加工时间均为1分钟

（三）一个流生产应遵循的原则

1. 物流同步原则

一个流生产要求在没有库存的前提下，确保能在必要的时刻得到必要的零件，为此，企业应使各种零件的生产和供应完全同步，使整个生产按比例、协调地连续进行，并按照后道工序的需要安排投入和产出。物流同步要求避免的情况如图2-11所示。

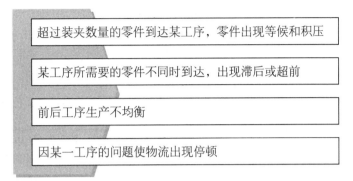

图 2-11 物流同步要求避免的情况

为实现物流同步,班组应不断开展 5S 管理活动。

2. 内部用户原则

一个流生产要求每一道加工工序都无缺陷、无故障,若制件出现缺陷,企业要么停止生产线,要么强行使有缺陷的制件流动下去,但无论何种选择都将引起成本的上升。因此,一个流生产要求每一道工序严格控制工作质量,做到质量在过程中被控制,遵循内部用户原则。内部用户原则的含义如图 2-12 所示。

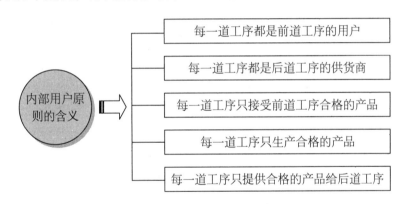

图 2-12 内部用户原则的含义

遵循内部用户原则的具体方法是开展自检、互检,并严格按工艺操作规范进行生产。

3. 消除浪费原则

一个流生产的目的是减少在制品,使生产中存在的浪费现象暴露出来,并不断消除浪费,降低成本。这些浪费现象包括在制品过剩、供货拖拉、排除设备故障的时间长、信息流通不畅、工艺纪律差等。

上述任何一个问题都会阻碍一个流生产的顺利进行,因此企业必须积极采取措施解决这些问题,为实现一个流生产创造条件。

(四)一个流生产线的布置要点

一个流生产线的布置要点如表 2-2 所示。

表 2-2　一个流生产线的布置要点

序号	布置要点	说明
1	根据产品结构（工艺流程）布置或调整	对产品工艺流程进行分析是一个流生产的基础，也是价值流分析的关键。德鲁克先生说过："生产管理不是将工具用在材料上，而是将逻辑用在工作上。"用简洁的图示方式将产品工艺流程描述出来，可作为生产线布置和调整的依据
2	进行标准作业	（1）生产线应简洁明了，无死角，无隐藏的角落 （2）标示明确，要能看出制造过多的浪费、步行距离的浪费、手动作业的浪费 （3）要明确生产节拍（生产步调）、在制品数量，作业者的动作流程必须保持顺畅
3	没有浪费	生产的基本形态是不要让生产物流停滞下来 企业需要加以考虑的方面如下： （1）中间库存品的位置； （2）堆置方法； （3）搬运路径 主要原则如下： （1）先进先出； （2）快速流动； （3）前后关联生产线尽量靠拢
4	确保信息的流动	反映信息的来源要一元化： （1）生产的实际差异管理要以生产线为对象； （2）信息应尽量用目视管理来呈现； （3）信息要能被及时反映出来； （4）信息要能被生产线上的全体人员了解； （5）指示的传递流向应与物流方向一致
5	少人化	设备要小型化，能够移动： （1）"U"形布置或"C"形布置； （2）作业应向同一个方向转换； （3）设备之间不能有阻隔； （4）加工动作尽量由设备完成； （5）设备的按钮应考虑人机配合； （6）操作人员应一人多岗； （7）多制程化，减少瓶颈工序，工序间应易于合并
6	有做全数检查的品质保证	全数检查的做法必须建立在生产线上： （1）要采用防错机构的方式来改善设备； （2）生产线上的照明及作业条件应良好； （3）必要的检查标准应在生产线上呈现出来
7	确保安全	机械的加工动作点，必须处于双手可达的范围之外： （1）设法去除通道中的踏台或凸出物，使工作时容易步行； （2）避免误动按钮； （3）消除落下物，保持整洁； （4）提供舒适的作业环境； （5）去除临时管线

（五）一个流生产对设备的要求

一个流生产对设备的要求如表2-3所示。

表2-3 一个流生产对设备的要求

序号	要求	说明
1	流动的设备	（1）设备要小型化 （2）设备要有轮子或容易搬运 （3）设备的水电气应设快速接头、插座 （4）物品在加工时的出入口要一致，有自动弹出装置更好 （5）设备的管线要整齐并有柔性
2	柔性的设备	（1）设备的适用性要强：只要改变某些部分，就能产生其他用途 （2）设备切换速度要快：产品一有变化，仅需更换某些部分或组件就可生产该产品 （3）明确各生产区域。保持其弹性变更的能力，尽量不隔离成单独的房间 （4）设备要有提高产能的可能性 （5）设备要能够标准化 （6）不需要花时间做调整或者试生产的工作
3	狭窄作业面的设备	作业面缩小，不但可以减少作业人员产生走动时间的浪费，而且可以缩短作业人员的周期时间 （1）前一制程的出口为后一制程的入口 （2）作业面应使作业人员尽量靠近作业点，高度以作业人员站立工作时肚脐的高度为准，深度以作业人员手腕前后动作的适当深度为准 （3）作业面狭窄深长 （4）作业面能减少作业人员无附加价值的走动
4	动作理想的设备	改善现有设备的动作质量，不但能节省投资，同时能很好地满足市场需求
5	有高效动作的设备	（1）设备应能产生有附加价值的加工动作，无效的动作都应去掉 （2）设备应能产生有"联结"功能的动作。前后相连的动作的一部分是在同一时间内完成的，这不但可以提高动作的质量，而且所花费的成本较低，周期时间较短，产能较高 （3）设备应能产生有移动功能的动作。设备的动作必须多能工（一人多岗）化

（六）一个流生产的推行步骤

一个流生产的推行步骤如图2-13所示。

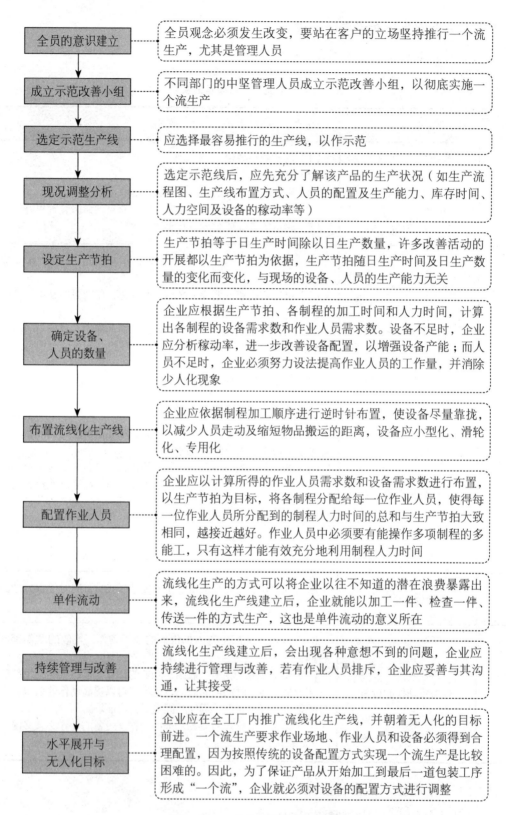

图2-13 一个流生产的推行步骤

四、拉动式生产

拉动式生产是大野耐一凭借超群的想象力,从美国超市售货方式中借鉴到的生产方法。拉动式生产是丰田公司生产模式两大支柱之一"准时生产(just in time)"得以实现的技术承载。

(一)拉动式生产的定义

拉动式生产,是指后一工序根据需要加工多少产品,要求前一工序制造正好需要的零件。也就是说,把下一道工序作为客户,以客户需求为目标的一种生产作业管理方式。

与拉动式生产相对应的是推进式生产(push production)。在推进式生产中,每个工序都根据生产计划,尽其所能地生产,尽快完成生产任务,不管下一工序当时是否需要。传统的生产系统一般为推进式生产,推进式生产将造成物品的堆积(图2-14)。

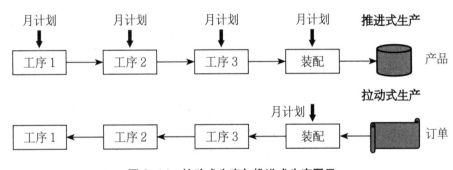

图 2-14 拉动式生产与推进式生产图示

拉动式生产与推进式生产的区别如图 2-15 所示。

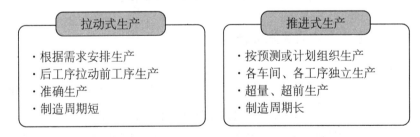

图 2-15 拉动式生产与推进式生产的区别

(二)拉动式生产的目的

拉动式生产的目的是实现七个零,如下所示:
(1)零切换调整;
(2)零库存;
(3)零浪费;

（4）零不良生产；

（5）零装备故障；

（6）零生产停滞；

（7）零安全事故。

（三）拉动式生产管理的支撑体系

拉动式生产管理的支撑体系如图2-16所示。

即以5S为管理方式的良好现场基础。具体说来，是以现场的定置管理、物流的规范和库存的压缩来切入的：重新划分主要在制品区域，实行定置管理；按目视化要求更新工位器具，规范物流程序；规范现场各类作业文件和质量记录；压缩成品库存和工序在制品等，从而使现场达到整洁规范

通过履行"预防为主，持续改进"和"一次做好"的原则，切实提高产品的实物质量，满足顾客需求

通过全面生产管理对装备进行全员的管理和维护，变传统的抢修式管理为预检修式管理，对故障加以分析和控制，提高装备对生产的保证作用，可以有效满足产品准时交付和大大降低生产成本

图2-16 拉动式生产管理的支撑体系

（四）拉动式生产方式的实施准备

1. 思想转换准备

拉动式生产方式以精益思想为指导，因此要实施推进，必须先做思想上的转变准备。许多企业习惯了计划式的生产管理，从生产到采购习惯了大包大揽，因此必须对员工甚至包括一些主要管理人员进行精益思想的培训，帮助他们转变思想观念，通过组织专题学习、讨论等形式将精益思想传达和灌输给每位员工。

2. 现场改善准备

拉动式生产管理需要基本良好的现场作为基础支撑，因此在决定实施前必须要对现场进行必要的整顿和规范管理。建议以现场的定置管理、物流的规范和库存的压缩进行切入：重新划分主要在制品区域，实行定置管理；按目视化要求更新工位器具，规范物流程序；规范现场各类作业文件和质量记录；压缩成品库存和工序在制品等，从而使现场达到整洁规范。

(五) 拉动式生产方式的主要环节

拉动式生产方式的主要环节如图2-17所示。

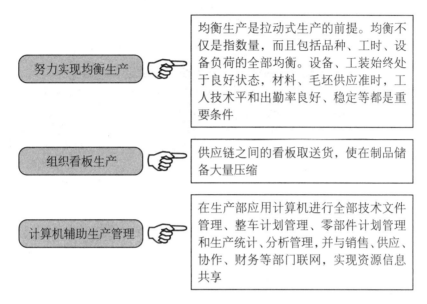

图2-17 拉动式生产方式的主要环节

第二节 精益生产管理工具

一、工业工程

IE是"industrial engineering"的简称,也就是"工业工程"的意思。从字面上就可以了解到,IE是关于解决工厂(生产现场场所)的浪费、勉强、不均等不利于企业发展的问题,使企业可以更快、更轻松、更有效率、成本更低地完成生产及服务的一门学问。

(一) 工业工程的作用

工业工程的作用是把企业的利益最大化、损失最小化,各阶层管理者为了完成目标,利用IE进行改善,即是为了提高人与一切资源的利用率而在业务上开发计划或管理系统、工作系统来协助各阶层管理者的工作。

现场IE活动的效果有的非常明显,很直观;有的却是无形的,具体如图2-18和图2-19所示。

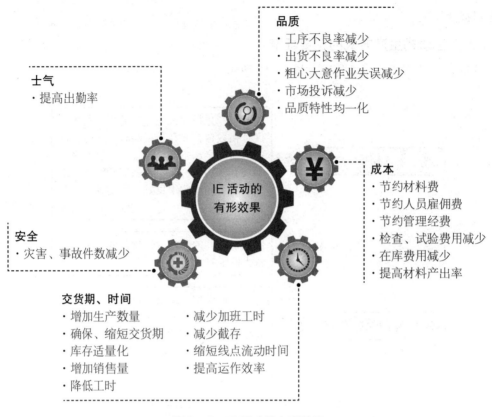

图 2-18　IE 活动的有形效果

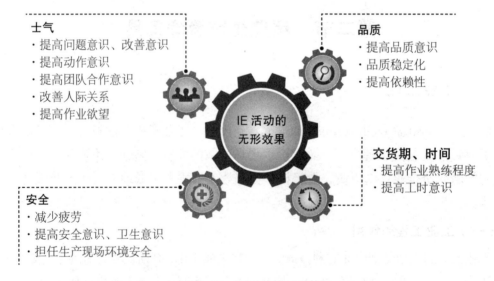

图 2-19　IE 活动的无形效果

（二）IE 活动涉及的对象

综上所述，IE 就是用工程学，通过对人、材料、设备的综合系统设计并对设定的对象进行改善，为了明示、预测、评价其系统产生出来的结果，用数学、自然科学、社会科学等的专门知识和经验进行工程学分析和设计的原理技法等的研究。

也就是说，IE 是围绕人、原材料、设备的综合系统，并对工作系统进行设计、改善、设定，从而推动生产效率提高的一门技术。

现场 IE 活动涉及的对象如图 2-20 所示。

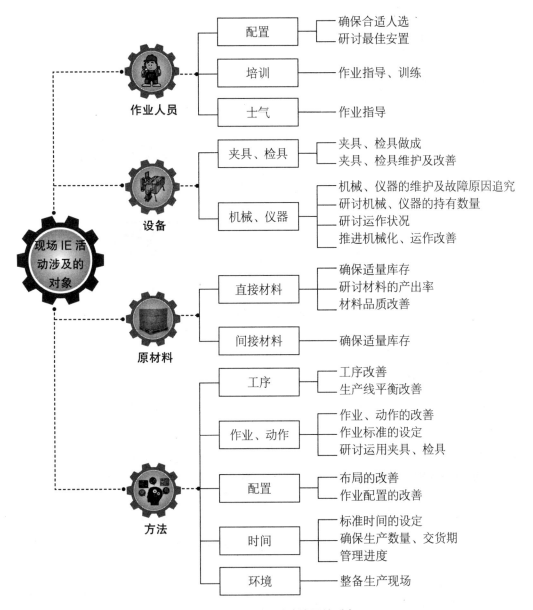

图 2-20 现场 IE 活动涉及的对象

（三）IE 手法

IE 手法并不难运用：在日本及一些发达国家和地区，IE 手法在工厂中的应用就像"QC

七种工具"一样普遍，在工作场所的改善活动方面，充分地发挥着作用。

从广义的角度来看，所有与生产现场相关的作业及现象都属于IE讨论的范畴。但大多数情况下，人们所说的"IE手法"指的是狭义的范畴，具体包括：方法改善手法和作业测定手法两种，其中有一些代表性的手法，如：工程分析、动作分析、搬运与配置、时间分析等。这些手法相互之间关系密切，各种手法可以分开来使用，也可以根据实际情况结合运用。

二、价值流程图

（一）何谓价值流

价值是指在正确的时间以适当的价格提供给客户所需要的产品或服务的能力，同时使用最少的投入、设备、能耗、材料和人力等。

价值流是将一种产品从原材料状态加工成客户可以接受的产品的一整套"创造价值"的所有步骤，包括增值和非增值活动（图2-21）。

图 2-21　价值流

1. 价值流及制造流程的关系

价值流及制造流程的关系如图2-22所示。

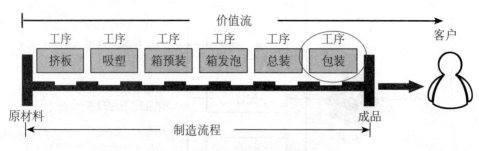

图 2-22　价值流及制造流程的关系

2. 价值流的特点

（1）隐性。价值流存在于整个供应链的运作过程中，需要有关人员去挖掘。

（2）连续性。价值流是在供应链上连续不断进行的。

（3）周期性。产品有其生存周期和生命周期，产品的生产和销售随着季节不同有其周期性，体现出价值流运作的周期性。

3. 价值流的组成

价值流的组成如图 2-23 所示。

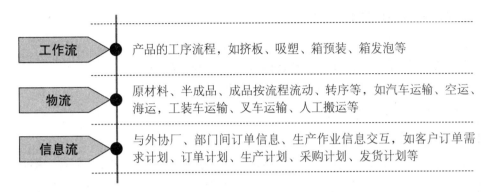

图 2-23 价值流的组成

（二）价值流图

价值流图是帮助人们找到浪费，观察整个价值流动过程状态的简单工具。价值流图是一种使用笔和纸的工具，用一些简单的符号和流线从头到尾描绘每一个工序状态、工序间的物流、信息流和价值流的当前状态图，如图 2-24 所示。

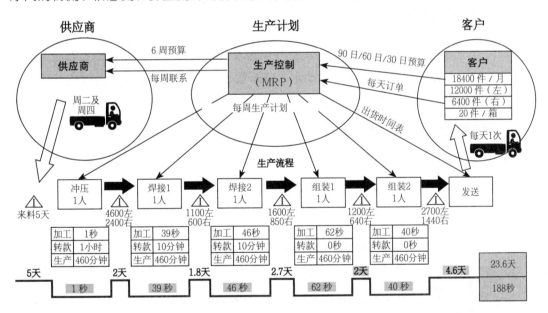

图 2-24 价值流图示例

1. 价值流图的意义

（1）使价值的流动过程目视化。

（2）整体流程目视化，而不仅仅是单件流。

（3）从顾客角度看待流程（外部顾客），识别上游对下游工序的影响（内部顾客）。

（4）便于识别流程中的浪费。
（5）显示物流和信息流之间的联系。
（6）将不同部门或职能的问题联系在一起。
（7）把整个价值流（现在或将来）以图表的方法表达出来。
（8）形成实施精益生产计划的基础，提供一个实施的蓝图。
（9）为实施精益生产时，讨论改进生产过程提供共同语言。
（10）图析帮助发现更多的浪费。

2. 价值流图分析

首先对运作过程中的现状进行分析，即对"当前状态图"进行分析，从顾客一端开始，首先了解顾客的需求情况和节拍，然后研究运作流程中的每一道工序，从下游追溯到上游，直至供应商。分析每个工序的增值和非增值活动，包括准备、加工、库存、物料的转移方法等，记录对应的时间，了解分析物流信息传递的路径和方法。然后根据分析情况来判别和确定出浪费所在及其原因，为消灭浪费和持续改善提供目标。最后根据企业的实际情况，设计出新的价值流程，为未来的运作指明方向。

三、标准化作业

标准化作业是精益生产系统的基础，使潜在的改善机会明确化，让人们更有能力判断质量、业绩、工人技能水准，并将波动水平降至最低。这是在合理成本范围内达到最高质量，以满足客户期望的作业方式。

（一）标准化作业的理解

标准化作业并非为了"控制"操作员而设计的作业步骤，僵化而无法改变。

1. 标准化作业的用途

标准化作业可作为评估过程管控和业绩提升成果的基准，具体如图2-25所示。

（1）确保操作员的动作顺序是可重复的
（2）建立一个目视化管理的环境，易于发现异常情况，并能采取适当回应
（3）可验证、比较现有作业实际情况的各项文件记录

（1）是启动持续改善相关举措的工具
（2）提供了一种易于记录和实施作业改善措施的明确方法
（3）提供取得所有过程相关资讯的渠道，以弹性回应客户需求的变化

图2-25 标准化作业可作为评估过程管控和业绩提升成果的基准

2.标准化作业的应用范围

标准化作业不仅仅运用于传统的装配工作，同样应用于维修和维护，如表2-4所示。

表2-4 标准化作业的应用范围

标准化作业特征	传统装配工作	维修和维护的应用
作业的可重复性	（1）作业是可预见的 （2）每道工作的顺序都可以事先规范好，而且发生时不会超出计划	检修、抢修从整体上受到非预知事件的影响大，但是可以把流程中的一些工作标准化，如工具准备，检修过程中的拆、较、装等
时间可控制	（1）每项工作的时间较固定，波动不大 （2）可以根据时间的可控性事先布置工作的相互衔接点	将由于作业中影响整个时间的可控性的特殊性事件单列，常规的工作可以在时间上可控，如检修、抢修中常规设备的拆卸等
作业的可验证、比较	（1）工作可以完整地用文件或图表来说明 （2）可以对比标准要求衡量工作的业绩	建立现场的目视管理工具，对常规工作进行比较，寻求提高空间

（二）标准化作业三大要素

1.周期时间

周期时间是指完成一个工序所需的全部时间。在作业人员的工作中，没有周期时间限制，作业人员任意按照自己的想法，推迟或提前完成规定的工作，这两种情况均是不可取的。同时两者都会给下一道工序的进行造成不好影响。

因此，无论作业人员在做哪一道工序，作业人员都需要一个标准的工作时间，同时保证"3W（who——我是谁、what——我要做什么、why——为什么）"的实现，保证服务的及时、准确。

2.作业程序

作业程序就是将要做的事情按预先设定好的步骤进行。如果没有作业程序或者作业程序不明确，作业人员不遵守，都会造成延迟工作的完成，工作完成质量的不合格，或者根本就完不成工作。

这种状况，除了客户不满意外，就连本公司的员工也很难满意。作业程序既是作业者执行的标准，也是上级考核下级的依据。要想提高客户、员工的满意度，各个工序就必须制定一个严格的、易于执行的作业程序。按照作业程序进行作业也是确保在周期时间内完成工作的重要保障。

讲师提醒：如果每一道工序都没有标准程序,试想整个工作现场将会变得如何混乱不堪,将会造成多大的浪费,会有多少不均衡、不合理的现象发生。

3. 标准手头存活量

标准手头存活量是指维持正常工作进行的必要的库存量,其中包括即将消化的库存。

很多事情不会绝对按人们的计划来发生,通常充满了可变性和不可预见性。为了预防这种情况的发生给工作造成的不便与紧张,作业人员必须备有适当的、可以随时调用的资源。这一步,是保证前两步实现的基础,是保证所有工作顺利进行的前提,因此无论什么时候都必须有标准手头存活量。

(三) 标准化作业在精益生产中的目标

标准化作业在精益生产中的目标如图2-26所示。

仅生产可供销售的产品	质量为先	降低生产成本
依客户需求以稳定的节奏生产产品	·确保每一生产步骤皆已维持质量 ·作业人员训练有素,完全了解质量标准 ·重复性和目视管理要素有助于确保质量的一致性	·对降低生产成本有多方贡献 ·提高生产率 ·缩短交期 ·增加产能 ·改善可使用性(可操作性)

图2-26 标准化作业在精益生产中的目标

(四) 标准化作业的先决条件

实施标准化作业的先决条件有两大类(包括过程条件和作业条件),见表2-5。精益生产的要素有助于先决条件的实现,若未满足先决条件,也可能实现标准化作业,但长期而言,无法确保作业过程能持续有效。

表2-5 标准化作业的先决条件

类型	条件	精益要素
过程条件	由操作员的动作主宰过程设立标准	(1) 以某过程可执行的人为作业及其作业要素为重点,而非追求作业要素和整体过程的过度机械化 (2) 重新设计作业过程,强调人为作业
	如果有设备介入,是设备协助操作员,而非操作员协助设备(自动化)	精益生产做法(例如将人和机器分开的方式)可将设备的操作和操作员的动作分开,开启各式各样的改善机会,提高操作的效能

续表

类型	条件	精益要素
作业条件	减少由于设备或仪器问题引起的作业停滞	保证作业过程中所涉及的测试设备和仪器的可靠性,避免由于设备或仪器不良而引起的作业波动性
	将作业质量的问题降至最低	作业中不是单纯追求效率,质量和安全是首要注意的问题。一旦发现问题,应在现场进行解决

(五)标准化作业的改善过程

标准化作业的改善过程如图2-27所示。

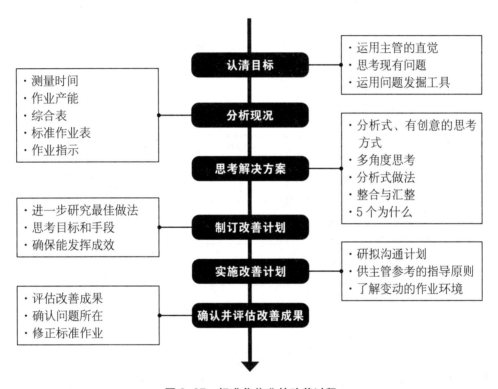

图2-27 标准化作业的改善过程

四、目视管理

所谓目视管理,是指用直观的方法揭示管理状况和作业方法,让全体员工能够用眼睛看出工作的进展状况是否正常,并迅速地判断和做出对策的一种管理方法。精益生产要求非常精确地开展生产工作,目视管理能够为精益生产工作创造一个一目了然的生产现场。

（一）目视管理的特点

目视管理的特点如图 2-28 所示。

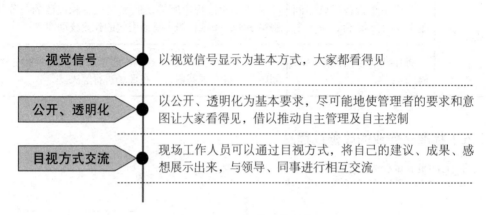

图 2-28　目视管理的特点

（二）目视管理的作用

目视管理的作用如图 2-29 所示。

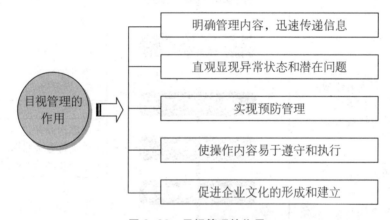

图 2-29　目视管理的作用

（1）明确管理内容，迅速传递信息。在生产现场，所要管理、传达的事项无非是产量（productivity）、品质（quality）、成本（cost）、交货期（delivery）、安全（safety）、士气（morale）六大活动项目，利用图表显示其目标值、实绩、差异，以及单位产出（每单位人工小时产出）、单位耗用量（每批产品或每个产品所消耗的材料费、劳务费）等。

目视管理依据人们的生理特性，充分利用信号灯、标志牌、符号、颜色等方式发出视觉信号，鲜明准确地刺激神经末梢，快速传递信息。

（2）直观显现异常状态和潜在问题。无论谁看到目视管理的工具，都能清楚地发现不对的地方，促其尽早采取改善对策，设法使损失降至最低限度。

目视管理能将潜在问题和浪费现象直观地显现出来。无论是新进员工还是其他部门的员工，一看就懂，一看就会，明白问题所在。

目视管理即利用视觉化工具管理作业，任何人只要稍微看一下，就知道是怎么一回事，应该怎么办。

现场管理人员在现场巡视时，可以通过目视化工具了解同类型机器的速度或不同时段同一台机的速度是否存在异常状况，确实掌握人机稼动率、物品的流动情况是否合理、均一。

（3）实现预防管理。预防管理是未来管理的必然趋势。为使预防管理能在生产现场中彻底实现，必须彻底实施生产现场的目视管理，形成任何人用眼睛马上能发现异常，并能迅速拟订对策的作业环境。即使平时不太了解生产现场情况的总经理、部门经理等，只要走到现场，看到各种清晰醒目的标志，也会对生产现场的大体情况有所了解。

因此，通过目视管理的实施，如果作业人员未按区域线的规定放置物品，班长或组长就会立刻发现，当场就可对作业人员加以指正。

（4）使操作内容易于遵守和执行。为了保障物流顺畅以及人员、物品的安全，在地面画三种区域线，即为物品放置区的"白线"、安全走道的"黄线"、消防器材或配电盘前面物品禁放区的"红线"，使得这些标准能够方便执行。

除此之外，目视管理使要做的理由（why）、工作内容（what）、担当者（who）、工作场所（where）、时间限制（when）、程度把握（how much）、具体方法（how）5W2H 内容一目了然，能够促进大家协调配合、公平竞争，还有利于统一认识，提升士气。

（5）促进企业文化的形成和建立。目视管理通过对员工的合理化建议展示，优秀事迹和先进人物表彰，公开讨论栏、企业宗旨方向、远景规划等健康向上的内容，使全员形成较强的凝聚力和向心力，以建立优秀的企业文化。

（三）目视管理的对象

构成工厂的全部要素都是其管理对象，如：服务、产品、半成品、原材料、零配件、设备、工夹具、模具、计量具、搬运工具、货架、通道、场所、方法、票据、标准、公告物、人、心情等。

（四）目视管理的方式

目视管理的方式如图 2-30 所示。

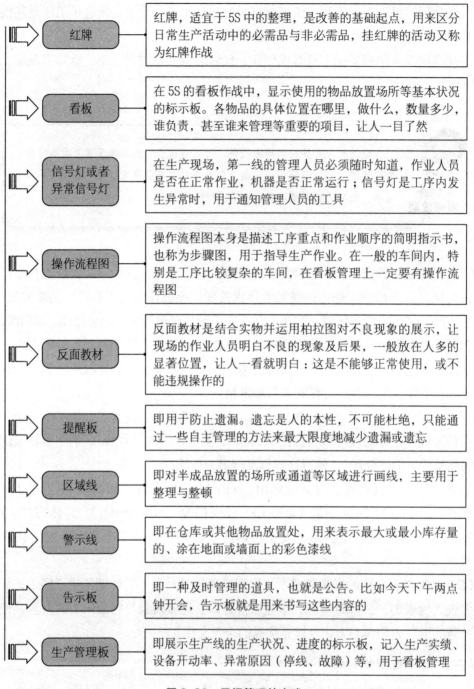

图2-30 目视管理的方式

（五）色彩的标准化管理

色彩是现场管理中常用的一种视觉信号，目视管理要求科学、合理、巧妙地运用色彩，并实现统一的标准化管理，不允许随意涂抹。这是因为色彩的运用受到如图2-31所示的几种因素的制约。

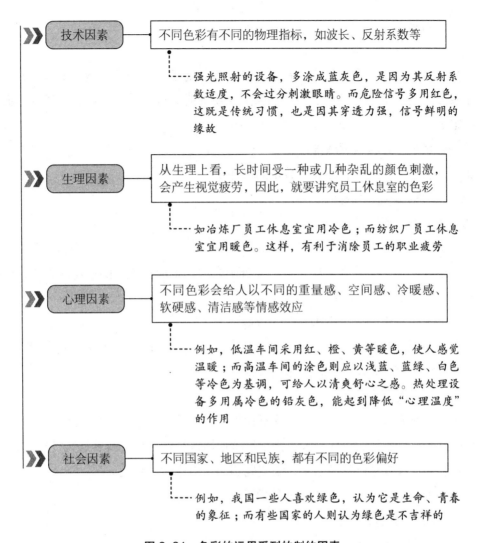

图 2-31 色彩的运用受到的制约因素

总之,色彩包含着丰富的内涵,现场中凡是需要用到色彩的,都应有标准化的要求,企业应确定几种标准颜色,并让所有员工都清楚明白。

五、看板管理

看板系统是 JIT 生产现场控制技术的核心。企业利用看板技术控制生产和物流,以达到准时生产的目的。

(一)工序看板

1. 工序看板的类型

工序看板主要有取货看板、送货看板、加工看板、材料看板等。

2. 工序看板的使用规则

（1）后工序到前工序取货。

实施看板管理，必须使后工序在必要的时候到前工序领取必要数量的零部件，以防止产需脱节而生产不必要的产品。为确保这条规则的实行，后工序还必须遵守下面三条具体规定：

第一，禁止不带看板领取部件；

第二，禁止领取超过看板规定数量的部件；

第三，实物必须附有看板。

（2）次品不交给下道工序。

上道工序必须为下道工序生产100%的合格品。

如果发现次品，必须立即停止生产，查明原因，采取措施，防止再次发生，以保证产品质量，防止生产中的浪费。

（3）前工序只生产后工序所领取的数量。

即各工序只能按照后工序的要求进行生产，不生产超过看板所规定数量的产品，以控制过量生产和合理库存，彻底排除无效劳动。

（4）进行均衡化生产。

均衡生产是看板管理的基础，实施看板管理，只对最终总装配线下达生产数量指令，因而其担负生产均衡化的责任更大。为了准确地协调生产，及时满足市场多样化的需求，可以利用电子计算机分析各种因素，制定确切的均衡化生产计划。

（5）必须使生产工序合理化和设备稳定。

3. 工序看板的运行方法

（1）工序看板运行传递情况。

具体来说，在生产流水线上工序间看板的运行传递，有如下几种情况。

① 一条生产流水线上只生产某种零部件。

② 生产多种零部件的流水线。

③ 成批生产的流水线。

上述三种情况虽然各有区别，但都遵循工序间看板运行的基本规则，其传递方法大同小异，基本一致。

（2）看板的使用方法。

① 工序内看板（图2-32）。工序内看板的使用方法中最重要的一点是看板必须随实物，即与产品一起移动。

工序内看板的使用方法如图2-33所示。

② 工序间看板（图2-34）。工序间看板挂在从前工序领来的零部件的箱子上。

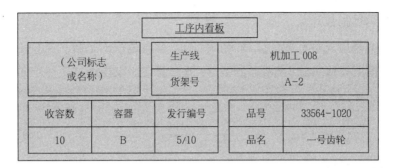

图 2-32　工序内看板示例

1	按照顺序，从看板滑道上取下"工序内看板"，生产该产品
2	"工序内看板"随同产品一起在生产线内流动
3	完成品出来后，把看板插在完成品箱上，放在指定的地点

图 2-33　工序内看板的使用方法

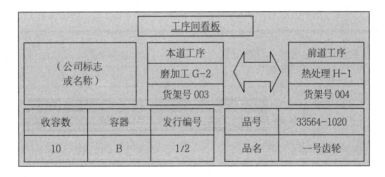

图 2-34　工序间看板示例

工序间看板使用方法如图 2-35 所示。

方法一	在生产线内，材料用完后，该材料的领取看板随同空箱被送出来
方法二	搬运者拿着这个领取看板去前工序领取材料
方法三	在前工序的完成品货店摘下"工序内看板"，插上"领取看板"（换看板）
方法四	把"工序内看板"送回前工序的看板箱（通常是批量形成箱）或投入看板滑道上（使用批量形成箱时，只有当看板达到批量张数时才可以投入看板滑道）
方法五	把插着"领取看板"的材料搬运到需要的生产线，放在指定的地方（货道）

图 2-35　工序间看板使用方法

（3）看板运行张数计算。

看板的运行是用发行看板的张数来指导的，看板运行的张数用某种不同的公式可以计算，这需要根据具体实施看板管理的实际情况而定。以机械加工生产看板的周转运行张数为例，其计算公式为

$$X = \frac{c(t_1 - t_2) + a}{W}$$

式中　X——看板运行张数；

　　　c——要货工序的单位时间产量；

　　　t_1——运货往返时间；

　　　t_2——该看板停留在本道工序的标准时间；

　　　a——保险系数；

　　　W——单位工位器具盛装零部件数。

（二）外协件看板

外协件看板（图2-36）是工厂向外部订货时，用以表示外部应交零部件数量、时间等的一种领取看板，仅适用于主机厂固定的协作厂之间。

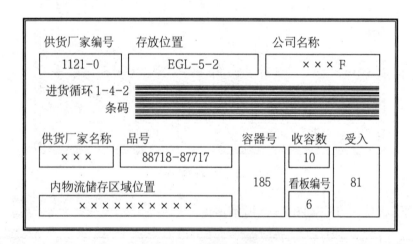

图2-36　外协件看板示例

外协件看板与工序间看板类似，只是外协件看板的"前工序"是供应商，通过外协看板的方式，从最后一道工序慢慢往前拉动，直至供应商。

1. 外协件看板运行图

外协件看板在协作厂与主机厂之间进行传递，它不仅仅是工序间看板运行的深化，而且涉及协作厂之间的合同关系，情况比较复杂。一般是每月商定订货的品种、送货周期、送货时间等，并计算外协件看板运行张数，交接看板，其运行方法如图2-37所示。

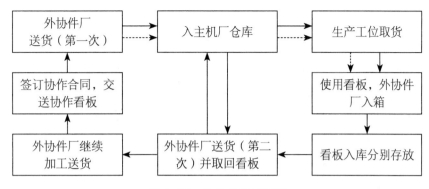

图 2-37 外协件看板运行

双线箭头表示外协件与其看板同步运行；单实线箭头表示外协件看板运行方向；
虚线箭头表示外协件运行方向

2. 运行方法

现以图 2-37 为例，具体说明外协件及其看板的运行方法。

（1）接受订货合同和外协件看板以后，按看板要求加工零部件，并按期送货。

（2）外协件厂送货，实物上挂有相应的看板，送入主机厂指定的仓库，验收记账。

（3）在主机厂内，外协件送到生产工位，实物上应挂其相应看板。

（4）生产人员使用外协件，并摘下外协件看板放在规定的看板箱内。

（5）外协件仓库人员定时到生产工位看板箱取回外协件看板，并按厂家分类存放在一定的看板箱内。

（6）外协件厂第二次送货，并取回下次送货外协件看板及工位器具，签字盖章。

（7）外协件厂按回收的外协件看板要求，继续加工生产、送货，如此往返运行等。

如果主机厂任务临时有变化，就要提前发给外协件厂"特殊看板"，以适应生产变化的需要，满足市场要求。

3. 外协件看板运行张数计算

外协件看板运行张数的计算，根据协作厂之间的具体情况和订货合同的要求而定。以下计算公式可作为参考。

$$X=\frac{[\frac{T}{A}(1+B)+a]+C}{W}$$

式中　X——外协件看板运行张数；

T——外协件交货间隔周期；

A——每日送货次数；

B——外协件及其看板送入主机厂后第几次送货时取回看板；

a——保险系数；

C——要货单位加工外协件工序的单位时间产量；

W——单位工位器具盛装外协件的数量。

其中，"T、A、B"在外协件看板上都有标志，如1-02-2，"1"指每天都送货；"02"指每天送货两次；"2"指在第2次送货时取回看板。

外协件看板的摘下和回收与工序间看板基本相同。回收以后按各外协件厂家分开，等各外协件厂家来送货时由他们带回去，成为该厂下次生产的生产指标。在这种情况下，该批产品的进货至少将会延迟一回。因此，需要按照延迟的回数发行相应数量的看板，这样就能够做到按照JIT进行循环。

（三）生产异常管理看板

在现场的作业中，由于各种原因会导致生产的异常，制作一个看板就可以很方便掌握异常状况并实施改善。

一般来说，工厂的生产项目大都很复杂，而且采用多工序加工方式来生产，万一生产发生异常，到底是哪一个产品或哪一道工序出了问题，生产管理部门如果不能立即掌握整个情况，采取及时的必要的对策，自然会延误货期。

但生产管理部门不可能整天都到现场去追踪，这时就可设置"生产异常管理看板"（表2-6）来帮助生产管理人员掌握这些情况。

表2-6 生产异常管理看板示例

生产异常管理看板												年	月	日
生产命令卡\加工工序	第一工序		第二工序		第三工序		第四工序		第五工序		第六工序			
	正常		正常		正常		正常		正常		正常			
		异常		异常		异常		异常		异常		异常		
	正常		正常		正常		正常		正常		正常			
		异常		异常		异常		异常		异常		异常		
	正常		正常		正常		正常		正常		正常			
		异常		异常		异常		异常		异常		异常		

把每一个生产制造命令做成一张卡片，并让它跟随产品，如果该产品在第一道工序上，一切都顺利的话，该工序的加工人员在把加工品交给下一道工序的同时，把这张生产制造命令卡（表2-7）也一并交下去；第二道工序的生产人员拿到这张生产制造命令卡时，就把这张卡插入看板上属于这一道工序的正常栏内，如果发生异常，便从正常栏内，把生产制造命令卡取出，并填上异常原因及处理方法，然后改放到异常栏内。

这样，生产管理人员就可以通过这个看板了解工厂哪些地方、哪道工序出现了异常，以及各单位是如何处置的。

表2-7　生产制造命令卡

制造单位			
制造号码		开工日期	
产品名称		产品编号	
产品规格		数量	
使用材料			
制造方法			
完成日期		厂长：	生产管理科：
移交单位			

（四）生产进度看板

生产进度看板的使用可以让生产线上的员工产生压力，从而激励大家有效作业，避免生产进度落后。

产品的制造不是一个部门能独立完成的，而是需要多个部门通力合作，而进度的控制本来就不容易，何况参与制造的部门一多，想掌握彼此之间的进度，更是难上加难，因为一个部门若有延误，势必会影响到后面工序的进度。

现在的工厂大多是同时生产多项产品，要想全面掌握住所有进度，仅靠人员跟催，往往会力不从心。所以，最好的办法是在生产管理部门设置一个"生产进度看板"（表2-8），把所有的信息全部反映在这个看板上，让相关的人员一起掌握。

表2-8　生产进度看板之一

生产进度看板							年　月　日	
品名＼工序	A工序	B工序	C工序	D工序	E工序	……	……	

注：工序进度落后者用红笔标示。

另外，由于生产工厂的形态不同，生产进度看板也要因环境而有所改变。若工厂的生产周期非常短，而且临时被急件插单的机会又多，那么，就应对之加以改善，如表2-9所示。

表 2-9 生产进度看板之二

	生产进度看板				年 月 日	
	序号	单号	加工方式	预计产量	实际产量	备注
正常件	1					
	2					
	...					
急件	1					
	2					
	...					

在前一天,将第二天要生产的内容,先按生产的优先顺序,依次写在看板的正常件栏内,若一切正常,就按照既定的顺序来生产。若接到临时急件,那么,生产管理人员就把插单件填在急件栏内,制造部门依照这个信息做必要的调整,这样既可优先处理急件,又不会打乱既定的顺序。

六、定置管理

定置管理是根据安全、品质、效率、效益和物品本身的特殊要求,研究分析人、物、场所的状况,以及它们之间的关系,并通过整理、整顿、改善生产现场条件,促进人、机器、原材料、制度、环境有机结合的一种方法。

(一)定置管理的类别

定置管理的类别如表 2-10 所示。

表 2-10 定置管理的类别(按管理范围不同划分)

类型	释义
全系统定置管理	在整个企业各系统、各部门实行定置管理
区域定置管理	按工艺流程把生产现场分为若干定置区域,对每个区域实行定置管理
职能部门定置管理	企业的各职能部门对各种物品和文件资料实行定置管理
仓库定置管理	对仓库内存放物实行定置管理
特别定置管理	对影响质量和安全的薄弱环节包括易燃易爆、易变质、有毒物品等的定置管理

(二)定置管理实施步骤

1. 方法研究

方法研究是定置管理开展的起点,它是对生产现场现有加工方法、机器设备情况、工艺流程等全过程进行详细分析研究,确定其方法在技术水平上的先进性,在经济上的合理性,分析是否需要和可能采取更先进的工艺手段及加工方法,进行改造、更新,从而确定工艺路线与搬运路线,使定置管理达到科学化、规范化和标准化。

2. 分析人、物结合状态

场所的三种状态中:A状态是良好状态,B状态是改善状态,C状态是需要彻底改造状态。

这是开展定置管理的第二个阶段,也是定置管理中最关键的一个环节。定置管理的原则是提倡A状态,改造B状态,清除C状态,以达到提高工作效率和工作质量的目的。

3. 分析物流、信息流

在生产现场中需要定置的物品无论是毛坯、半成品、成品,还是工装、工具、辅具等都随着生产的进行而按照一定的规律流动着,它们所处的状态也在不断变化,这种定置物规律性的流动与状态变化,称为物流。

随着物流的变化,生产现场也存在着大量的信息,如表示物品存放地点的路标,表示所取物的标签,定置管理中表示定置情况的定置图,表示不同状态物品的标牌,为定置摆放物品而划出的特殊区域等,都是生产现场中的信息。随着生产的运行,这些信息也在不断运动着、变化着,当加工件由B状态转化为A状态时,信息也伴随着物的流动变化而变化,这就是信息流。

通过对物流、信息流的分析,不断掌握加工件的变化规律和信息的连续性,并对不符合标准的物流、信息流进行改正。

4. 设计定置图

定置图有以下类别,如表2-11所示。

表2-11 定置图分类

序号	类别	说明
1	车间定置图	要求图形醒目、清晰,且易于修改、便于管理,应将图放大,做成彩色图板,悬挂在车间的醒目处
2	区域定置图	车间的某一工段、班组或工序的定置图,可将其张贴在班组园地中
3	办公室定置图	要做定置图示板,悬挂于办公室的醒目处
4	库房定置图	做成定置图示板,悬挂在库房醒目处
5	工具箱定置图	绘成定置蓝图,贴在工具箱盖内
6	办公室定置图	统一绘制蓝图,贴于办公桌上
7	文件资料柜定置图	统一绘制蓝图,贴于资料柜内

定置图的设计步骤如表2-12所示。

表2-12 定置图的设计步骤

序号	设计步骤	要求说明
1	对场所、工序、工位、机台等进行定置诊断分析	（1）分析现有生产、工作的全过程，确定经济合理的工艺路线和搬运路线 （2）分析生产、工作环境是否满足生产、工作需要和人的生理需要，提出改进意见 （3）分析生产人员的作业方式和设备、设施的配置，研究作业者的工作效率，找出不合理的部分，提出改进措施 （4）研究操作动作，分析人与物的结合状态，消除多余的动作，确定合理的操作或工作方法
2	制定分类标准	即制定A、B、C三类标准
3	设计定置图	（1）根据工艺路线、搬运路线选择最佳的物流程序，确定设备、通道、工具箱、检验与安全设施等各类场地 （2）按照作业计划期量标准确定工件（包括毛坯、半成品、成品等）存放区域，并确定工序、工位、机台及工装位置 （3）工具箱内要定置，使当天使用的量具、工具、图样及工艺文件处于待用状态。生产用品和生活用品要严格分开，同工种、同工序工具箱定置要统一 （4）确定检查现场中各区位置 （5）C类物品要按有无改制回收价值分类定置

5. 信息媒介物设计

信息媒介物设计，包括信息符号设计和示板图、标牌设计。在推行定置管理，进行工艺研究、各类物品停放布置、场所区域划分等都需要运用各种信息符号表示，以便人们形象地、直观地分析问题和实现目视管理，企业应根据实际情况设计和应用有关信息符号，并纳入定置管理标准。信息媒介物说明如表2-13所示。

表2-13 信息媒介物说明

序号	设计步骤	要求说明
1	信息符号	在设计信息符号时，如有国家规定（如安全、环保、搬运、消防、交通等），应直接采用国家标准。其他符号，企业应根据行业特点、产品特点、生产特点进行设计。设计符号应简明、形象、美观
2	定置示板图	定置示板图是现场定置情况的综合信息标志，它是定置图的艺术表现和反映
3	标牌	标牌是用于指示定置物所处状态、标志区域、定置类型的标志，包括建筑物标牌，货架、货柜标牌，原材料、在制品、成品标牌等

信息符号、定置示板图、标牌都是实现目视管理的方式。各生产现场、库房、办公室及其他场所都应悬挂示板图和标牌,示板图中的内容应与蓝图一致。示板图和标牌的底色宜选用淡色调,图纸应清洁、醒目且不易脱落。各类定置物、区（点）应分类规定颜色标准。

6.定置实施

定置实施是定置管理工作的重点,包括以下三个步骤,如图2-38所示。

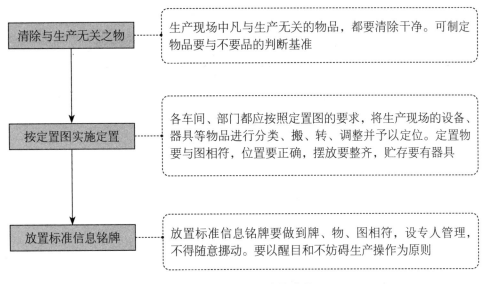

图2-38 定置实施的步骤

（三）定置管理标准化

要使定置管理执行得好,必须将定置管理标准化,标准化的内容如下。

1.定置物品的分类规定

企业从自己的实际出发,将生产现场的物品分为A、B、C三类,也可分为A、B、C、D四类。以使人们直观而形象地理解人与物的结合关系,从而明确定置的方向。

2.定置管理信息铭牌规定

信息铭牌是放置在定置现场,用于表示定置物所处状态、定置类型、定置区域的标示牌,企业应统一规定铭牌的尺寸、形状、设置的高度,统一制作,从而做到标准化。

（1）检查现场区域划分的规定。

一般分为五个区域：成品、半成品待检区；返修品区；待处理品区；废品区；成品、半成品合格区。

（2）检查现场区域标准信息符号。

信息符号应简单、易记、鲜明、形象和具有可解释性,如表2-14所示。

表 2-14　信息符号说明

图示	说明	图示	说明
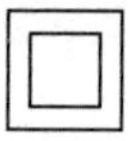 □	表示成品、半成品待检区	 →	表示返修品区
 ◯	表示待处理品区	 ✕	表示废品区
 ∨	表示成品、半成品合格区	 ∨	表示成品、半成品优等品区

3. 定置管理颜色标准

颜色在定置管理中，一般用于两种场合：一种用于现场定置物分类的颜色标志；另一种用于现场检查区域划分的颜色标志。前者如用红、蓝、白三种颜色表示物品的 A、B、C 分类；后者如将现场检查区域分别规定其颜色，并涂在标准信息铭牌上。

蓝色表示待检查品区。

绿色表示合格品区。

红色表示返修品区。

黄色表示待处理品区。

白色表示废品区。

4. 可移定置物符号标准

可移定置物在定置图中采用标准符号表示，从而使定置图纸清晰、简练、规范，且可使各部门之间便于简化手续，研究定置情况。如：

BC 表示搬运车；

GX 表示工具箱；

GT 表示工作台；

WG 表示文件柜；

MQ 表示灭火器。

5. 定置图绘制标准

定置图绘制标准的内容有：

（1）统一规定各种定置图的图幅；

（2）统一规定各类定置物的线型画法，包括机器设备、工位器具、流动物品、工具箱及现场定置区域等，如表 2-15 所示。

表 2-15 定置物的线型画法

图示	说明	图示	说明
	表示设备		表示工艺装备
	表示计划补充的设备、工装	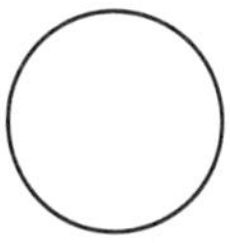	表示风扇
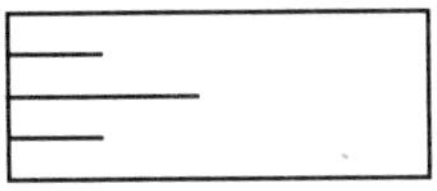	表示存放架	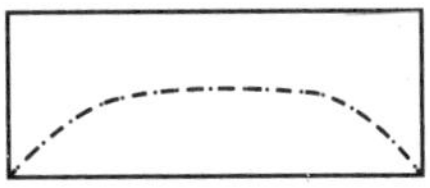	表示容器
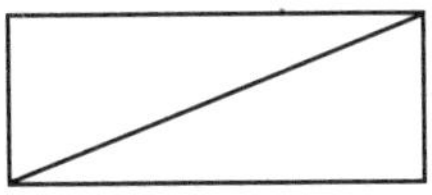	表示平台	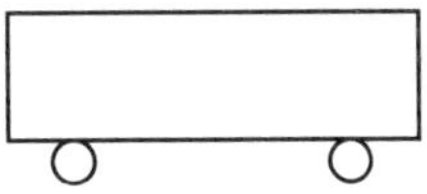	表示活动书架、小车
	表示工具箱、文件柜	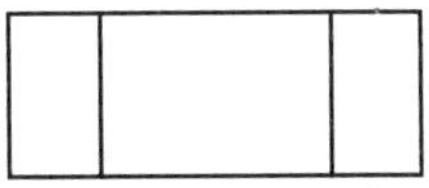	表示办公桌、茶几等
	表示计划补充的工具箱、文件柜等	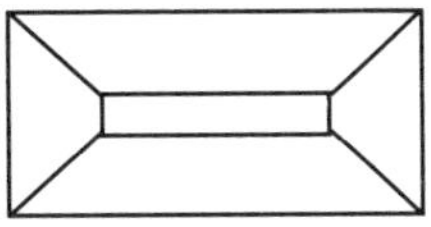	表示散状材料堆放场地
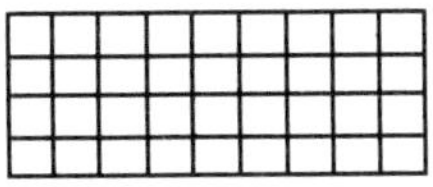	表示铺砖场地		表示工位区域分界线
	表示人行道		表示铁道
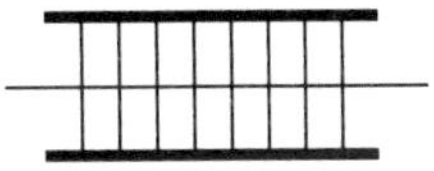	表示台阶、梯子	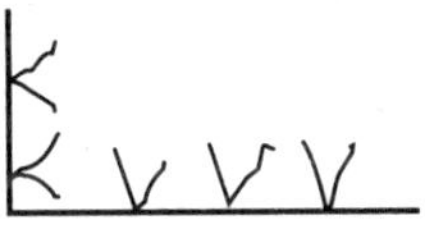	表示围墙

定置图中标准信息符号的规定，如现场定置图中的可移定置物，用信息符号表示后，还要在定置图的明细栏中加以说明。

各种定置图蓝白图的规定，如办公室可用白图，而办公桌、文件柜、资料柜则必须用蓝图。

各种定置图的发放及保存，都须做统一规定。

6. 各种贮存容器、器具定置标准

（1）各种贮存容器、器具中所摆放的物品，应是与生产制作有关的物品，反之均不得摆放。

（2）应将各种物品分类，按使用频次排列成合理的顺序，整齐有序地摆放在容器和器具中。使用频次多的物品，一般应放入每层中间且与操作者较近的位置。

（3）物品放好后，依次编号，号码要与定置图的标注相符。做到以物对号，以号对位，以位对图，图、号、位、物相符。

（4）定置图要求贴在容器、器具门内或是合适的表面下。

（5）各种容器、器具的层格要保持清洁，无污垢，要按规定的时间进行清洗和整理。

（6）操作现场的器具和容器，定置到一定位置后，不得随意挪动。

（7）工具箱的结构尽可能做到一致，容器和器具也做到部门内统一。

7. 办公桌定置要求

（1）定置时按物品分门别类，分每天用和经常用；物品摆放符合方便、顺手、整洁、美观和提高工作效率的要求。

（2）定置图统一贴在规定的地方。

（3）将办公桌上无用的物品清除走。

（4）将有用物品编号并标在定置图中，使图、号、位、物相符。

8. 办公椅定置要求

（1）人离办公室（在办公楼内或未远离），座位原位放置。

（2）人离开办公室短时外出，座位半推进。

（3）人离开办公室超过4小时或休息，座位全推进。

9. 文件柜定置要求

（1）与工作和生产无关的物品彻底清除。

（2）文件资料柜的摆放要做到合理、整齐、美观并便于提高工作效率。

（3）各类物品必须编号并注于定置图中，做到号、物、位、图相符。

（4）定置图贴在文件资料柜门扇内。

（5）定期进行整理整顿，保持柜内整齐和整洁。

10. 定置物存放标准

（1）工件的定置摆放，要按区、按类存放，做到标志与实物相符。

（2）工位器具使用合理。

（3）工件摆放做到齐、方、正、直，且符合安全生产要求。

（4）定置物的摆设与定置图相符。

（5）信息铭牌放在规定的位置后，不得随意挪动。定置物发生变化时，图、物、区域和铭牌均应做相应调整。

（6）定置物必须存放在本区域内，不得放在区域线或隔离围栏外。

11. 设备定置管理标准

设备定置管理标准包括易损件定置、设备及周围环境卫生、设备检查时间周期、设备操作人员和维修人员的工作标准等要求。设备定置规则如下。

（1）设备机台有定置图。

（2）设备在工序的停滞位置定置。

（3）在设备周围给操作者充足的活动空间。

（4）在设备周围给维修人员充足的活动空间。

（5）操作者能安全进出设备放置处。

（6）设备配置要符合安全要求。

（7）设备作业面的高度要满足操作者运动自如的需要。

（8）对设备所有的资料实行定置管理。

（9）易损件在容器、零件架的摆放数量及摆设方式上实行定置管理。

12. 安全定置管理标准

这是对易燃、易爆、有毒、污染环境的物品和不安全场所实行的特别定置，其要求如下。

（1）存放地的选择及要求，物品贮存量和处理地要达到最低值。

（2）消防、灭火器的定置要求，使通道畅通无阻，并设专人负责定时检查。

（3）生产现场电源、电路、电器设施的定置要求。

（4）吸烟点的设定及定置要求，休息室应设有烟灰缸，并放在安全可靠处。

（5）生产现场精、大、稀设备的重点作业场所和区域的定置。

（6）对不安全场所，如建筑场所、吊物作业、易滑坠落、塌方现场、易发生机械伤人的场所及通道等实行定置。

七、防呆法

防呆法，又称愚巧法、防错法，是指在失误发生前即加以防止的方法。这是一种在作业过程中采用自动作用（动作、不动作）、报警、提醒（标示、分类）等方式，使作业人员不特别注意或不需注意也不会失误的方法。

防呆法简单地说就是如何去防止错误发生的方法，其意思就是防止愚笨的人做错事。也就是说，连愚笨的人也不会做错事的设计方法，故又称为愚巧法。

（一）防呆法的基本原则

在使用"防呆法"时，有以下四原则可供参考。

1. 使作业的动作轻松

难观察、难拿、难动等作业使工作变得难做，使人变得易疲劳从而易发生失误。采用防呆法时可利用颜色区分或放大标示，使人们容易看；或加上把手使人们容易拿取；或使用搬运器具使动作轻松，从而避免失误。

2. 使作业不需要技能与直觉

因为那些需要高度技能与直觉的作业容易发生失误，所以可以考虑采用夹具及工具，使作业机械化（不用动脑和技能），连新入职人员或支持人员（如临时借调的其他部门人员）也能正确作业（图2-39）。

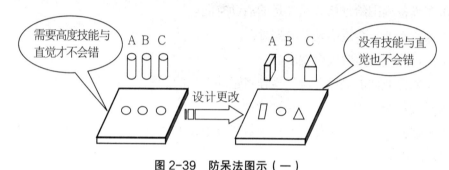

图2-39　防呆法图示（一）

3. 使作业不会有危险

因不安全或不安定而可能会给人或产品带来危险时，宜采用防呆法加以改善，使之不会有危险。如果马虎去做或勉强去做而易发生危险时，则设法装设无法马虎或无法勉强去做的装置。

4. 使作业不依赖感官

依赖如眼睛、耳朵、感触等感官进行作业时，容易发生失误。对于这类情况，可制作夹具或使之机械化，从而减少用人的感官来判断的作业。一定要依赖感官的作业，则应加以改善，比如，当信号灯一红即同时有声音出现，从而设法使作业人员能做两重或三重的判断（如图2-40所示）。

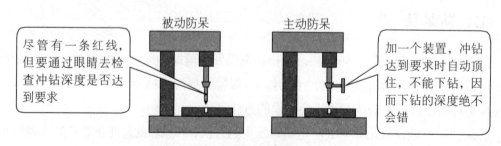

图2-40　防呆法图示（二）

(二)防呆法的应用原理

防呆法的应用原理如图 2-41 所示。

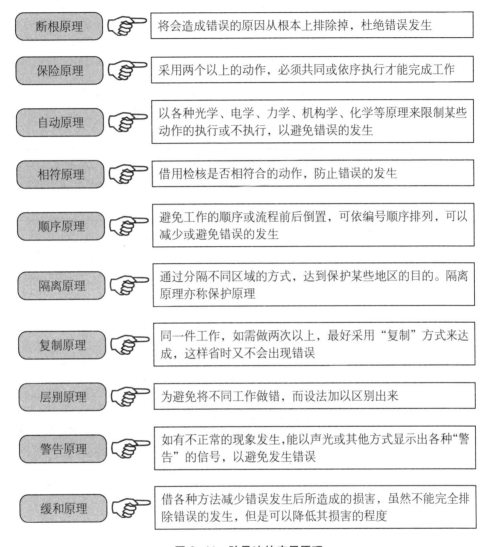

图 2-41 防呆法的应用原理

(三)防呆技术

防错法广泛应用于各行各业,如制造业的自检、互检和专检,交易过程的文件批准程序等,只是大多数组织没有有意地广泛采用,使用防错法的防错技术水平有较大差别而已。

针对不同的过程,有不同的防错技术,概述如下。

1. 制造过程

制造过程的防呆技术有许多,具体如表 2-16 所示。

表 2-16 制造过程的防呆技术

序号	防呆技术	说明
1	专用防错工具、仪器	专用防错工具、仪器是指采用专门防错工具、仪器、软件等来防止失误产生,如台式冲压机的双启动按钮,只有同时按下两侧按钮,冲头才会落下,按下单侧按钮,冲头不会动作,这就防止了由于作业员失误造成的人身伤害和产品缺陷
2	工序精简	工序精简是削减、简化和合并作业工序及作业步骤来达到降低失误机会的防错技术,很多公司正在大量采用此种方法
3	统计过程控制	通过统计过程控制可以实时发现过程的特殊变异,有利于尽快实施改善而将损失降至最低程度,统计过程控制是目前广为采用的防错技术之一
4	在线测试	在线测试是在作业流程中加入检验和测试工序,以实时发现缺陷、防止缺陷漏至客户或后工序的防错手段,是一直沿袭下来的最常见的防错方式之一。几乎所有制造过程均不同程度地采用在线测试方式进行质量控制
5	采用通/止/通类测量工具	通/止/通类测量工具可以迅速判断产品是否合格,与通过测量取得连续数据相比,通/止/通类测量工具效率高,成本低,判断准确,基本未增加作业员负担,这使100%检查变得轻松容易。对这类测量工具的使用价值,很多公司尚未意识到
6	确认批准程序	通过确认和批准,确认人和批准人可从不同角度审查作业结果,更容易发现问题,这是广为采用的防错方法之一,如公司的新产品样板在发放生产前,制作人员需将其提交高层进行确认批准,无误后方可发放,这就从一定程度上防止了失误的扩散引起的损失

2. 交易过程

交易过程的防呆技术有两种,如图 2-42 所示。

文件的确认和批准

交易过程往往涉及各类文件,文件中的关键性失误可能导致巨大损失。如购货合同中的购货金额栏中多一个零或少加一个零,会给买方或卖方造成严重损失。通过文件的确认和批准程序,可有效防止合同失误

电子表格

将文件标准化并做成电子表格形式,采用菜单式对话框,日期及时间自动生成,只需填入关键数据或文字即可。这样缺陷机会大为减少,产生缺陷的概率随之减少

图 2-42 交易过程的防呆技术

（四）防呆法的进行步骤

防呆法的进行步骤如图 2-43 所示。

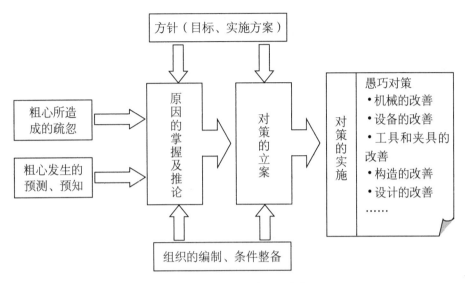

图 2-43　防呆法的进行步骤

1. 发现人为疏忽

发生人为疏忽时，收集数据进行调查，重估自己的工作，找出疏忽所在。

平常就应收集如异材混入、标示失误、数量不足、零件遗忘、记入错误等的数据，加以整理即可发现问题点。通过调查情报、工程检查结果、产品检查结果的数据，掌握发生了何种问题。

2. 设定目标，制定实施计划书

具体而言，目标尽可能以数字表示。计划书是明示"什么""什么时候""谁""如何"进行。

 精益案例 5

混货防错计划

1. 计划完成的事项

2023 年 9～12 月有 5 次混货经初步调查是发生在清洗过程中。

最后一次清洗混货发生时间为 2023 年 12 月 22 日。

1250-1D70003　混有 WPUN62D220，167PCS。

1209-1D60002A　混有 WPUN62D220，15PCS。

> 备注：这里 PCS 是数量词"件"的意思。
> 2.要求
> （1）在清洗车间内标识清洗要求：不允许将不同胶盆的产品放在一起清洗，每个胶盆的产品必须单独清洗；任何装产品的工具和盛器、工作台面、设备上不能有残留物。
> （2）对清洗的人员进行宣导。
> 3.计划实施时间：2024年1月15日。
> 4.计划完成时间：2024年1月30日。
>
> 负责人：李××

3.调查人为疏忽的原因

尽可能广泛地收集情报及数据，设法找出真正的原因。

4.提出防错法的改善方案

若掌握了原因，则提出创意将其消除。提出创意的技法有脑力激荡法、检核表法、5W2H法、KJ法等。

5.实施改善

有只在自己的部门中进行者，有与其他部门协力进行者，有依赖其他部门进行者。

6.确认活动成果

活动后必须查核能否按照目标获得成果。

7.维持管制状态

应不断地注意改善状况，若发生新问题要能马上处理，贯彻日常的管理是非常重要的事情。

八、快速换模

许多企业的换模时间是可以被压缩的，效率可以更高。换模时间长不仅会影响生产线的生产效率，还会影响企业的换模决策。换模时间长，企业就不太愿意频繁更换模具，从而会影响小批量多批次产品的生产对市场需求的适应。快速换模是指用尽可能短的时间来从一个产品切换到另一个产品，从而缩短设备闲置时间，增强产品生产对客户需求的反应能力。

（一）何谓快速换模

快速换模是将产品换模时间、生产启动时间或调整时间等尽可能缩短的一种过程改进方法，可显著地缩短设备安装、设备换模所需的时间。

1. 什么是快速换模

SMED 是 single minute exchange of die 的缩写,即单分钟换模或快速换模。SMED 是一种能有效缩短产品切换时间的理论和方法。有些企业和学者也将 SMED 称为 QCD（quick change die）。

SMED 在 20 世纪 50 年代初期起源于日本,由 Shigeo Shingo（新乡重夫）在丰田公司发展起来。它最初被应用于汽车制造,以实现模具的快速切换,它帮助丰田公司极大地缩短了产品切换时间。

2. 快速换模的发展阶段和特点

快速换模的发展阶段和特点如图 2-44 所示。

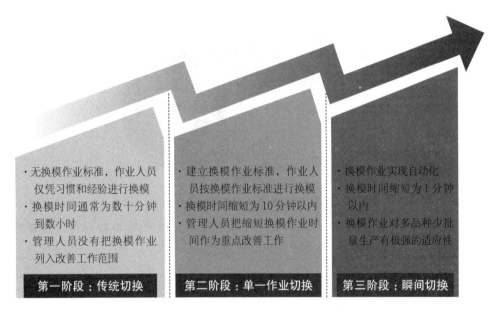

图 2-44　快速换模的发展阶段和特点

（二）传统换模的弊端及快速换模的必要性

1. 传统换模的弊端

（1）传统换模的十个步骤。

传统换模的十个步骤如图 2-45 所示。

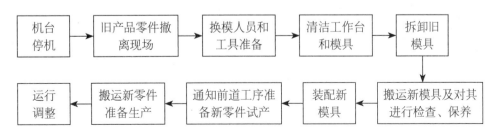

图 2-45　传统换模的十个步骤

（2）传统换模存在的问题。

① 机台停机后物料才开始移动：成品被送到下一个工位；原材料在设备停止后才移走；新模具、各种配件运到机台。

② 机台准备运行时才发现配件存在缺陷或缺少配件：换模开始后才开始修复缺陷配件，且需要调整或更换配件；微调开始后才发现缺陷配件。

③ 机台启动后才发现不良的加工或模具设定和仪器设定不正确：内部作业开始后，才发现模具或设备存在缺陷。

（3）传统换模的时间分配。

自动机台换模时间分配如图2-46所示。

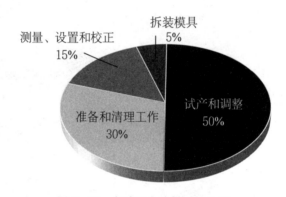

图2-46　自动机台换模时间分配

传统换模中，拆装模具的时间为60分钟，而试产和调整的时间为90分钟，两者的比例远大于5∶50，这是因为拆装模具存在大量的时间浪费。

（4）传统换模的七大浪费。

传统换模会产生图2-47所示的七大浪费。

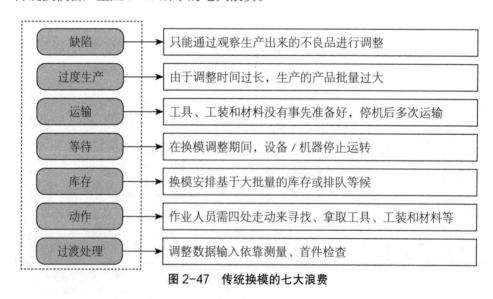

图2-47　传统换模的七大浪费

传统换模中最根本的浪费是时间浪费。大多数浪费是可见的，如库存和不良品（废品或返工品）等，但时间浪费经常是隐性的，且经常被忽略。如图 2-48 所示，因为传统换模而带来的停产和调整，都隐性地损失了生产时间。

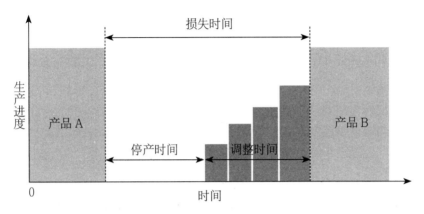

图 2-48　最根本的浪费是时间

（5）传统换模耗费时间多的原因。

传统换模耗费时间多的原因如图 2-49 所示。

| 原因一 | 混淆了内部和外部的切换作业 |

内部作业是必须在机台停机时进行的作业，外部作业是可以在机台开机时进行的作业。很多作业是可以在机台开机时进行的，实际上却在停机时进行

| 原因二 | 换模工作没有进行优化 |

（1）没有制定合适的标准——何人何时做什么
（2）没有进行平行作业——两人以上同时作业
（3）工具、工装、配件远离机台，难以取到
（4）很多配件需要装配
（5）有很多困难的装配、参数设置需要进行调整

| 原因三 | 缺少标准化的安装和调整流程、技术要求 |

（1）调模工根据他们的经验，按照他们认为合适的方式进行安装和调整，缺少标准
（2）不同调模工的安装和调整方式不同
（3）每个班次都觉得上个班次的调整达不到要求，要求重新调整
（4）一些人认为安装和调整时间越长，产品质量越好

图 2-49　传统换模耗费时间多的原因

2. 推行快速换模的必要性

换模时间的减少即停产时间和调整时间的减少，意味着生产效率的提高，也就是设备综合效率（overall equipment effectiveness，OEE）的提高。同时，企业可以实现多品种、小批量生产，提高生产的灵活性，不需要额外的库存即可满足客户要求，资金也不需要积压在额外的库存上。

小批量生产大大减小了大批产品报废的风险，这也是生产企业不断追求快速换模的原因。

（1）传统换模与快速换模的时间比较。

传统换模与快速换模的时间比较如图2-50和图2-51所示。

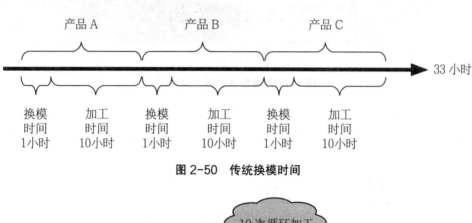

图2-50 传统换模时间

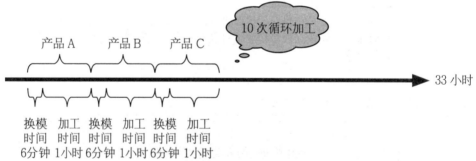

图2-51 快速换模时间

下面通过一个案例说明快速换模的必要性。

 精益案例6

> 某工厂生产的某冲压件产品的换模时间为3小时，单件产品的生产时间为1分钟。客户需求的批量为100件，单件产品售价为2元，每小时的工时成本为48元。请问这批产品的利润是多少？

单件产品的工时成本 =（换模时间 + 生产时间）÷60÷ 生产批量 × 小时成本
$$=（3×60+100）÷60÷100×48$$
$$≈2.24（元）$$

结论：每生产 1 件产品，就亏损 0.24 元。

解决方案 1：

增加生产批量：100 件 / 批 → 1000 件 / 批。

单件产品的工时成本 =（换模时间 + 生产时间）÷60÷ 生产批量 × 小时成本
$$=（3×60+1000）÷60÷1000×48$$
$$≈0.94（元）$$

优点：单件产品的工时成本表面上降低了约 58%。

缺点：第一，产生库存 900 件，平均库存费用为 0.16 元 / 件，而且更糟糕的是这些库存不知道什么时候能够售出；第二，不能满足更多其他客户对交付期的需求，生产计划安排较困难。

结论：暂时获得的利润为 0.9 元 / 件。

解决方案 1 是典型的传统解决方案。

解决方案 2：

缩短换模时间：3 小时 / 次 → 18 分钟 / 次。

单件产品的工时成本 =（换模时间 + 生产时间）÷60÷ 生产批量 × 小时成本
$$=（18+100）÷60÷100×48$$
$$≈0.94（元）$$

优点：单件产品的工时成本有效地降低了约 58%，而且因为是按照需求进行生产的，所以没有产生库存。

缺点：可能需要适当增加人员或其他的投入。

结论：确实可获得的利润为 1.06 元 / 件。

解决方案 2 为典型的精益解决方案。

（2）推行快速换模的好处。

① 适应多品种、少批量的灵活生产：不需要额外的库存即可满足客户需求。

② 交付快速：缩短交货时间。

③ 品质优良：减少调整过程中可能出现的错误。

④ 生产高效：缩短换模停机时间意味着获得更高的生产效率，即 OEE 提高。

⑤ 使实现准时制生产和大量减少产品报废成为可能。

由于越来越多的产品需求呈现出客户化特征，市场强烈要求企业建立灵活生产机制；不能立即得到满足的订单很可能被企业竞争者得到；如果企业生产的产品是大批量的，且存在高水平库存，则客户的需求很难得到满足；频繁地换模允许产品生产具有更小的批量和更强的灵活性。

（三）换模时间及作业类型

1. 换模时间的定义及构成

换模时间是指介于上一个生产作业的最后一件合格品和下一个生产作业的首件合格品之间的时间。换模时间示意如图 2-52 所示。

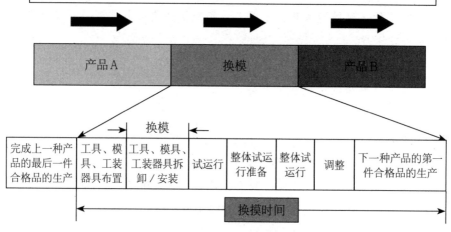

图 2-52 换模时间示意

换模时间主要由四部分组成，分别是准备时间、换模操作时间、调整时间、整理时间，如图 2-53 所示。

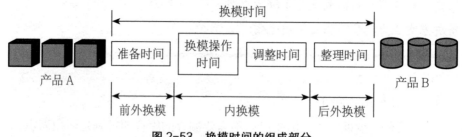

图 2-53 换模时间的组成部分

快速换模的标准流程如图 2-54 所示。

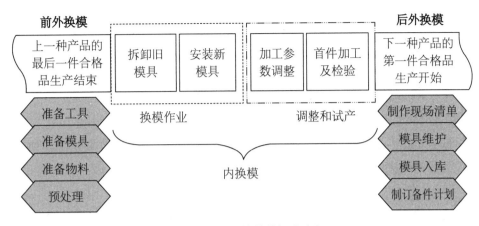

图 2-54 快速换模的标准流程

2. 换模作业的类型

换模作业分为内部作业和外部作业。

内部作业是设备必须停止运转才能进行的换模作业，也叫内换模，包括模具的拆装、更换和调整，试生产和首样确认等。

外部作业是在设备运转的同时进行的换模作业，包括前外换模作业（换模前的准备工作，如准备工具、模具、物料等）和后外换模作业（换模后的收尾工作，如现场清理、模具入库等）。

（四）快速换模的基本法则

1. 事前准备

事前准备作业属于外部作业，外部作业做得不好，就会影响事前准备作业的顺利进行，使换模时间变长。例如，外部作业没有做好，作业人员在进行事前准备作业的时候，找不到所需的道具或者模具错误、不良等，就必须临时停下来找寻道具或修整模具，从而使作业时间变长。

事前准备作业的目的是尽量将内部作业时间转换为外部作业时间，缩短停机换模时间。事前准备作业的具体内容如下。

（1）将内部作业时间转换为外部作业时间，做好前期准备。在还没有停机的时候就做好前期准备，如工装器具准备、零件准备、作业指导书准备、升降工具准备、作业台准备等。

（2）在还没有停机时做好拿取新模具、清洁新模具、拿取试产零件等工作。

（3）进行一些与模具有关的预备工作，如预装配、预设定、预清洁、预热等。

（4）预先准备操作条件。

在换模开始前，准备好所需的材料、零件、工具和条件（如温度、压力等）。事前准备工作还包括查仪表、将物品放在合适的位置、预热、制作临时支架等。

作业人员应通过对以上事项进行检查和准备,来实现以下三个目标。

(1)不寻找:物品、零件、工具准确放置,不用寻找。

(2)不移动:配置不需要两次以上搬动的放置台或者放置场所。

(3)不多用:除了必要的工具以外,不使用其他工具。

2. 并行作业

并行作业是指两个及以上的作业人员同时进行换模作业。并行作业能缩短换模时间。一个人慢条斯理地进行换模作业,也许需耗费1小时才能完成。若两个人同时作业,也许只需40分钟或20分钟就能完成。那么换模时间就由原先的1小时缩短为20~40分钟。

作业人员进行并行作业时(图2-55)要注意提前沟通好,明确分工,以免产生多余动作,更要避免出现操作遗漏。作业人员尤其需要注意安全,不可因为疏忽而受到意外伤害。

大型冲压机在进行拆卸模具时,四人同时作业

图2-55 四人同时作业(拆卸模具)

3. 双脚勿动

换模作业主要依赖双手完成,双脚必须减少移动或走动的距离。因此,换模时需使用的道具、模具、清洁工具等都必须放在专用的台车上(图2-56),并且要有顺序地整理好,以缩短寻找的时间。模具或其他物品的动线也必须设计得容易进出,换模作业的流程要合理且标准化。

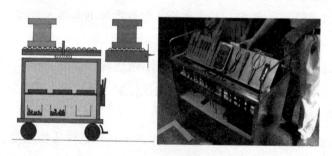

图2-56 专用的台车

4.特殊道具

特殊道具是为特殊用途而特制的器具（图2-57和图2-58），可提高换模效率。

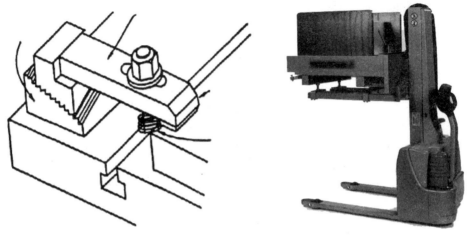

图2-57 阶梯式压板　　　　图2-58 模具专用搬运小车

阶梯式压板能够实现不同模具的快速夹紧，且不需要进行高度调节。模具专用搬运小车能够提高模具搬运效率。

作业人员在进行换模作业时要尽可能使用道具而不使用工具，以提高换模效率，缩短换模时间。测量器具也要道具化，即用块规或格条来替代量尺或仪表。此外，企业要设法减少道具的种类，以缩短寻找、取放到位的时间。

5.剔除螺栓

在换模时，螺栓是常见的用于固定模具的零件。装卸螺栓的动作通常会占用大量的换模时间。因此，可用插销、压杆、中介夹具、卡式插座、轴式凸轮、定位板等替代螺栓。

6.转即定（图2-59）

限于某些状况，仍然必须使用螺栓时，企业要设法缩短上紧及取下螺栓的时间，以达到不取下螺栓、螺母也能锁紧的目标。主要方法是使用只旋转一次即可拧紧或放松的方式。例如，将C字形开口垫圈垫在螺母下，将螺母旋松一圈之后，即可从开口处将C字形垫圈取下，达到完全放松的目的。上紧时，只需将C字形垫圈垫在螺母下，并旋紧一圈，就可达到锁紧的目的。此外，使用葫芦孔也可达成此效果。

其他方法包括使锁紧部位的高度固定化，过高的锁紧部位要削低至标准高度，过低的锁紧部位可加上垫块以达到标准高度。每个模具锁紧部位的高度都实现标准化后，螺母的上紧部位就不会改变，如此可减少锁紧、放松的旋转次数，从而缩短换模时间。

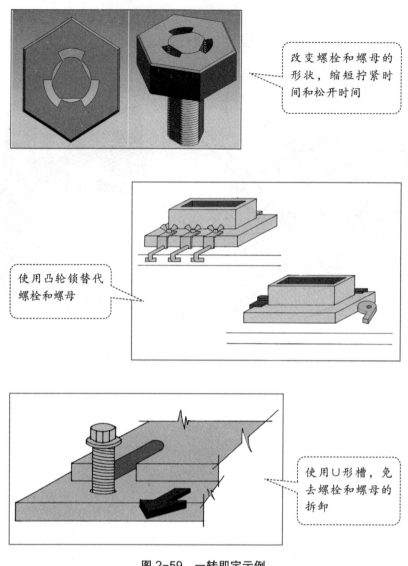

图 2-59 一转即定示例

7. 标准化

调整动作通常需要花费整个换模时间的 50%～70%，要消除调整动作的浪费，企业就要遵循标准不变的法则，即在机器上设定好标准，不要因为更换了模具而变动。在做法上，企业可把内部作业中的调整动作移到外部作业，并事先做好设定的动作；也可以通过不拆卸整个模具，保留模座，只更换模具的母子式构造的方式来消除模具的设定动作；或采用共用夹具，以双组式的方式来进行换模作业，即一组正在加工中，另外一组备材已经准备好了，切换时只需旋转过来即可立即达到换模的目的。

紧固高度标准化示例如图 2-60 所示。

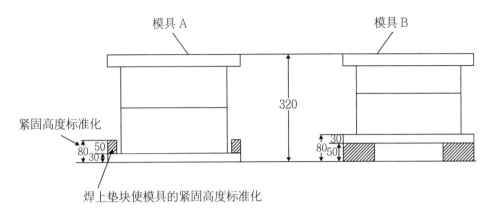

图 2-60 紧固高度标准化示例

设备夹具标准化示例如图 2-61 所示。

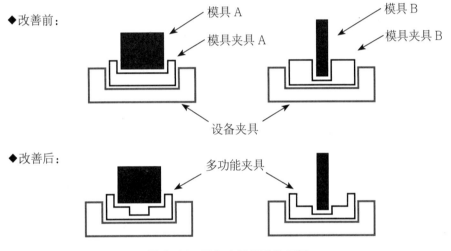

图 2-61 设备夹具标准化示例

（五）快速换模的实施步骤

快速换模的实施分为五大步骤，如图 2-62 所示。

图 2-62 快速换模的实施步骤

1. 获取当前换模过程的全部信息

企业应先把整个换模过程的所有相关工作分工序、分步骤，并按照时间先后顺序一一罗列出来，然后现场观测换模作业的全部过程，记录换模作业的步骤和时间，在必要的环节可通过录像进行记录。企业要确保记录换模作业的全部过程,以发现任何可能存在的问题。

对换模过程进行录像，可以避免遗漏某些细节和步骤，同时也方便后续的时间统计和讨论分析。当然，在换模现场进行查看、模拟、回忆、记录等也是必要的。

可以利用表2-17来完成这一步骤。

表2-17 快速换模记录

工作流程"换模"															
区域：			项目组：					日期：							
								现场：							
注：															
序号	事项	累计时间	时间段	分类					ECRS①分析				内部切换和外部切换	备注
				转换	调整	清洁	检查	运输	移动	理想时间	取消	合并	重组	简化		
1	模具准备工作	0:14:25	14:25												外	准备区域
2	组装工具	0:28:40	14:15												内	
3	把产品放到储存区	0:44:25	15:45												外	
4	松动夹紧装置	0:56:25	14:00												内	夹紧的应用
5	把压机工作台放下	1:14:25	16:00												内	
6	把模具放到储存区	0:38:25	0:00												外	

① ECRS即取消（eliminate）、合并（combine）、调整顺序（rearrange）、简化（simplify）。

2. 区分内部作业与外部作业

企业应分析在第一步收集到的数据，将换模作业分为内部作业和外部作业，如图2-63所示。

内部作业，即在机台停机时进行的作业；外部作业，即在机台开机时进行的作业。企业可按照上述定义，对"快速换模记录"表里的每一步进行鉴别，区分内部作业和外部作业，并标记在贴纸上。

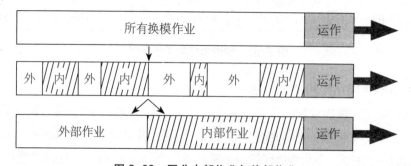

图2-63 区分内部作业与外部作业

企业可以用两种不同的简单的符号来标记内外部作业,如圆形和三角形。这样就可以很容易地统计出每一道工序总的换模时间和内外换模时间。

3. 将内部作业转换为外部作业

企业应尽可能设法将内部作业转换为外部作业,以缩短内部作业时间,进而缩短换模时间,如图 2-64 所示。

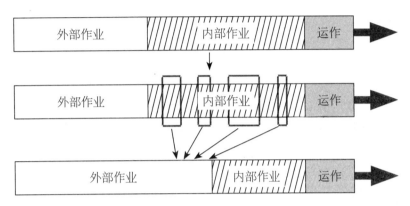

图 2-64　将内部作业转换为外部作业

在这一步,企业首先要做的是了解内部作业中每个环节的真实目的和作用,并对其进行观察;然后寻找可将内部作业转换为外部作业的最佳途径,如工装夹具准备、零件准备、作业指导书准备、升降工具准备、作业台准备等;最后将拿取新模具、清洁新模具、拿取试产部件等活动在不需要停机时准备好,并做好一些与模具有关的预备工作,如预装配、预设定、预清洁、预热等。

4. 缩短内外部作业时间

(1) 缩短内部作业时间。

企业可以运用 IE 手法,如活用工装夹具、消除调整作业、实施并行作业、使功能标准化等对内部作业进行改善。缩短内部作业时间示意如图 2-65 所示。

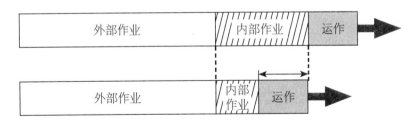

图 2-65　缩短内部作业时间示意

(2) 缩短外部作业时间。

企业也可以运用 IE 手法,如改善工装夹具的存储方法、提高运输速度、使常用工具靠近设备、避免寻找物料等对外部作业进行改善。缩短外部作业时间示意如图 2-66 所示。

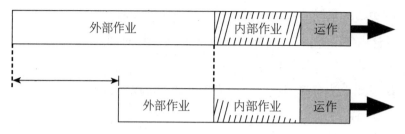

图 2-66　缩短外部作业时间示意

从技术角度寻找改善的方向和思路有很多，从改善实践的经验来看，ECRS 是一种行之有效的方法，即取消、合并、重组、简化。企业应先思考某一动作或工序能否取消，如果可以取消，就直接取消；如果无法取消，可以考虑其是否可以与其他动作和工序合并执行，通过一次操作实现两种以上的效果。取消、合并以后，企业可改变工作流程，对工作进行重新组合，以达到改善工作的目的。例如，前后工序的对换、手部动作换为脚部动作、生产现场设备位置的调整等。在取消、合并、重组之后，企业再对该项工作进行更深入的分析研究，使现行方法尽量简化，以最大限度地缩短外部作业时间。

5.标准化换模流程

（1）快速换模的改善成果要通过标准化的方式进行保持，这也是持续改善的基础。

（2）对换模人员进行培训并实施标准化的换模作业，即根据编制的换模作业指导书对换模人员进行培训，督促其严格按照流程进行换模作业，若发现不对的地方要及时纠正。

第三章
精益生产
实现的基础

情景导入

这是精益生产培训的第三堂课，学员们已经对精益管理的基础知识与方法、工具有了初步的了解，对精益生产的开展也是信心满满，好想马上回公司大展拳脚。然而，杨老师却泼了一盆冷水："我们都知道精益生产是企业降低成本、提高效率、提升品质的有力法宝，也是企业转型升级之路的必然选择，大家都恨不得马上开展起来，但很多企业在实施精益生产管理时却出现了很多问题，很多开展精益生产的企业以失败而告终！"

"为什么？"学员们一脸茫然。

"具体的原因有许多，比如：对精益要素的理解和对工具的应用准确，短期见效快，但无法长期持续；行动看得见，但是改善效果无从衡量，无法确定投入产出比；为推行精益生产而形成新的庞大组织和团队，反而导致总体效率降低，得不偿失；为了精益而精益，生搬硬套精益工具和方法，而未能进行有针对性的设计和改良；生产部门得不到其他部门的配合，微观环境阻碍精益方法落地；中层人员忙于日常事务，对精益生产敷衍了事……实质的原因则是企业没有从系统、务实的角度来理解和落实精益生产，没有夯实精益生产的基础。"杨老师回答。

"那企业实现精益生产的基础是什么呢？"学员们急切地问。

"企业要推行精益生产模式，必须扎实如下几点的管理基础。"

第一，全员持续改善：改善是精益生产的基础，可以说没有改善就没有精益生产管理。全员参与的持续改善，而非几个改善小组不停地做改善项目。在优秀的精益生产型企业里，提出改善提案最多的是基层员工和生产线组长。企业需要建立一整套的管理机制才能使精益改善持续开展下去，没有精益改善机制，很多企业的精益改善最终就是不了了之。

第二，现场开展5S活动：很多企业在开展精益生产之前一般先开展现场5S活动，形成一个良好的素养和习惯。

第三，全员生产维持（TPM）：让员工参与维护自己的设备，同时强调主动和预防性维护技术的过程，其目标是通过减少停机时间来提高生产力。

第四，全员质量管理（TQM）：精益管理注重全面质量管理（TQM），其核心思想就是全员参与、全过程控制、各种方法的综合运用。

我们今天要学习的就是这四个方面的内容。

第一节　全员持续改善

精益思想认为改善是创造一种氛围，一种企业文化，通过这种氛围和文化来改变人们对困难的态度、解决问题的方法、思考问题的角度，最终使得工作现场越来越好，自己和顾客越来越满意。

所谓改善，就是持续不断地改进和优化工作，通过激发作业人员自身的创新思维，不断寻求更佳、更合适经济效益的作业方法的一种管理理念。

改善（kaizen）：取自日本语，KAI 表示变化之意，ZEN 表示良好之意，此词的通俗含义是对公司的所有领域进行不断改进，不仅仅是质量。

一、改善是全员参与的事

改善是一种提高人的品质的有效途径，它要求每一个员工必须立足现地、现物、现实（时）和坚持原理、原则，将自己融入整个团队当中。

在世界 500 强企业中，改善不是技术部或者工程部一两个人的事，而是一种理念、一种态度，企业中的每一个人都要共同参与改善。

在这样一种理念中，改善既不是大变革，也不只是技术创新。它是从小问题做起，对本工序、本班组不完善的项目提出改善建议，从作业动作、作业场地、夹具、工具、搬运、搬运工具、机械设备、材料、工作环境等方面入手，开展全方位的改善活动。题目大小、范围不限，不仅仅是品质方面，也不必有显著的效果，只要是能够比现况提高一步即可。哪怕是只能节约一分钱，缩短一秒钟的作业时间都是现场改善的目的。

提高效率（少用人员和工时），保证和提高质量（减少不良），改善工作环境（5S、安全），降低成本（减少场地、经费、节约能源、提高材料利用率）等多方面都是改善的内容。

许多 500 强企业已经建立了这样一个概念：本职工作＝日常工作＋改善。

二、改善的目的——解决问题

（一）什么是问题

问题是"非解决不可的事项"。所谓问题，如图 3-1 所示，指"应有的状态"和"现状"的差距。应有状态的内容是计划、指令、标准、法令、想法等（表 3-1）。

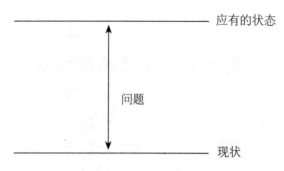

图 3-1　问题即应有的状态与现状的差距

表 3-1　应有状态的内容

应有状态	问题举例说明
计划	工作的结果未达到计划的目标时，或实际的费用超过预算时，其差距就成为"问题"
指令	在上司指定时间内未完成工作，其延迟就是"问题"
标准	不具备规格所规定的性能时，就是"问题"
法令	依据道路交通法，禁止饮酒驾驶。一旦饮酒后驾驶，就是"问题"
想法	认为OA完全系统化为理想，但目前仍是各自引进计算机、文字处理机,这也是"问题"

如图 3-2 所示，应有的状态与现状一致时，就没有问题。但是，在这种状态下，如果提升到如 B 所示的应有状态时，将产生新的 C 问题。这是创造问题，也即依主管的某种想法，把"应行的状态"提升，就是创造问题。战略领域问题，多数是属于这种类型的问题。

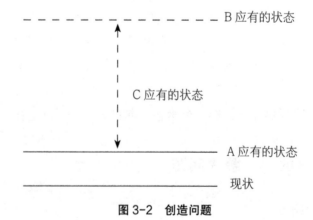

图 3-2　创造问题

（二）工作场所中都是问题

现在乍看是平稳而无特别问题的工作场所，如果详细观察实况就会明白，其实隐藏了各种问题（表3-2）。

观看以下的分析就会发现，工作场所中，到处都是问题。而且，最大的问题是，部门主管对这种问题的认识到底有多少？

表 3-2 工作场所中隐藏的各种问题

类别	说明	举例
未解决的问题	虽然已经着手解决，却尚未完全解决 问题已经发生，但尚未着手解决	倾全力制造延迟交货期的产品，但尚未交给顾客 交货量未达到接单量，但尚未着手未达成部分的制造
半解决的问题	因为某种情况，在尚未完全解决的状态下，停止解决问题作业	不符合规格、性能的产品，以折扣价解决的情形等
隐藏的问题	实际上已经发生问题，却未察觉问题的存在而放置未处理	承办人挪用公款，但周遭的人尚未发现
今后创造的问题	把应有的状态提升来创造问题	事故率维持现状，就没有什么特别问题。但把事故率减为现状的一半时，该如何处理等

（三）各式各样的问题

1. 业务层次的问题

例如，计算错误、联络错误等，都属于这种类型的问题。如果依据手册或规程正确工作，应该不会发生问题。但是，这种类型的问题却发生了，这表示承办人未依照手册或规程工作。其真正原因是，部门主管对下属没有正确教导手册或没有了解下属的工作状况等。

因此，这种问题的解决方法是，彻底实施手册或规程等的教育，同时正确管理下属的工作状况。

2. 管理层次的问题

对下属业务的分配不适当，或未进行对手册改订部分的指导等所发生的问题，都属于管理层次的问题。承办人的责任当然小，而大部分的责任却归咎于部门主管。

为了解决这种问题，必须进行正式的改善作业。

3. 战略层次的问题

引进计算机控制的完全自动化加工装置、工厂的重建、在今后三年进行某产品的开发与生产等，都属于战略层次的问题。这种问题，大致可分为经营战略层次问题与部门战略层次问题。经营战略层次问题，以部门主管的权限，通常不能解决。但是，不能因此而漠不关心。部门主管必须经常对其表示关心，积极给战略制定部门提供有用的信息或意见。因为受经营战略影响的是部门主管本身，而工作第一线的信息，对制定战略极为重要。此外，部门战略的问题，就是部门主管如何处理今后承办部门的问题。这个问题，才是考验部门主管本身的真正价值。

三、改善提案制度

改善提案制度又称为奖励建议制度、创造性思考制度，是一种规范化的企业内部沟通制度，旨在鼓励广大员工能够直接参与企业管理，下情上达，让员工能与企业的管理者保持经常性的沟通。

（一）改善提案制度的目的

企业导入改善提案制度活动的目的，虽然在表达上各有其相异之处，但是基本的动机则是相同的："让各从业员工发挥创意来获得改善的效果，并打造安全、舒适的工作场所，进而发展人际关系和自我启发，最终达成对企业利润有所贡献的目的。"

改善提案制度的目的具体为：
（1）降低成本；
（2）增强劳资之间的意见交流；
（3）让员工产生对工作的满足感而提高员工对企业的向心力和忠诚度；
（4）消除劳动灾害；
（5）提升机械、设备或建筑物等的维护和保养；
（6）改进品质，开发良好的工作方法。

（二）改善提案范围

期望的改善提案包括：
（1）制造方法的改善；
（2）增进人工、材料、用品或费用的节省；
（3）减少或预防浪费的方法；
（4）增进生产的方法；
（5）产品的品质改善方法；
（6）工作环境的改善方法；
（7）消除或减少危险的安全措施；
（8）工具、机械或设备等的改善；
（9）不必要的记录、资料或设备的废除。

（三）改善提案的奖赏种类

对改善提案的奖赏大致可以分为五类，如表3-3所示。

表 3-3 提案的奖赏种类

序号	奖赏种类	说明
1	提案奖	提案奖又称为参与奖、精神奖、努力奖、慰劳奖等,对象为被退件或奖级以外的提案人,通常只对第一次参加且被退件的提案者给予此奖。奖金很少,通常以纪念品代替
2	采用奖	该奖颁给预估审查获得采用案件的提案者,奖金依等级而定
3	绩效奖	颁给实施有效案件的提案者,奖金依评定的等级而定,通常比采用奖多,从几百元到几千元,有些企业可能多至数万元
4	累积奖	为鼓励员工不断提案,特设此奖。方法是将全年所得提案有关的各奖换算成分数,加以累积,依分数多少给予奖励
5	团体竞赛奖	为了促进竞争心理,以部门或班组为单位,将全年度该部门内所有人的累积分数加起来除以人数,以决定名次。选出前 3 名,由经营者颁发奖杯或锦旗。有些企业只分参与奖与绩效奖两种,提案人需等候一段时间方能得奖,可能影响提案的兴趣

(四)推行改善提案制度的组织与人事

健全的组织与人事是改善提案制度成败的关键,因此在推行改善提案制度之前应有妥善的计划与安排。以下是某企业推行改善提案制度有关的组织与人事安排,如表 3-4 所示。

表 3-4 某企业推行改善提案制度有关的组织与人事安排

序号	组织	职责
1	提案制度推行委员会	(1)拟订提案规程 (2)拟订审查基准 (3)拟订事务处理程序 (4)制作各种与提案制度相关的报表 (5)拟订宣传与教育计划
2	指定提案管理人或提案事务部	(1)提案的收集:按时检查提案箱,收集提案 (2)整理后呈送委员会,资料不全的提案请提案者补全资料 (3)通知提案人收到提案 (4)保管提案记录与报告 (5)采用审查部门或审查人的推荐 (6)告知提案人提案审查结果或实施结果 (7)安排奖励 (8)与提案审查委员会密切合作
3	采用提案的审查人或部门	(1)了解提案采用后对哪些部门或作业会有影响?影响到什么程度 (2)调查可能的绩效 (3)改善提案的表达方式,特别是显示有效但由于表达不善可能在委员会遭到退件的案件

续表

序号	组织	职责
3	采用提案的审查人或部门	（4）向审查委员会提出报告，陈述实施后可能的优劣点、现场的可能反应等 （5）协助执行部门试行审查委员会决定采用的提案，以确保绩效
4	提案审查会	（1）具有充分的提案制度知识，并促使提案制度配合公司政策 （2）按时参加审查会 （3）评估每一个提案，并以表决形式决定采用或不采用 （4）授权有关部门试行采用的提案 （5）考虑扩大有价值的提案的使用范围 （6）决定奖励级数
5	各部门的提案联络人	（1）协助主管策划，推动本部门的提案工作 （2）协助员工提案，如协助填写"提案单"等 （3）对不经提案箱的提案单进行收集、转呈 （4）本部门预备审查件的协助 （5）本部门负责试行提案的跟催、协助

（五）改善提案制度的推行步骤

改善提案制度与其他管理活动一样，是一种活用的管理手法，推行的步骤也因产业的特性和文化不同而异，但大体上脱离不了PDCA循环——计划、执行、考核、改正行动的循环。提案制度的推行步骤如图3-3所示。

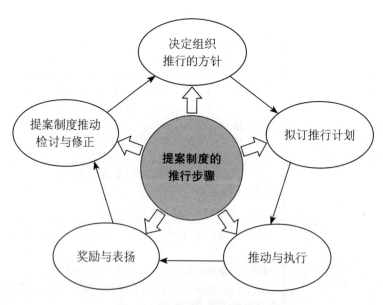

图3-3 提案制度的推行步骤

1. 决定组织推行的方针

推行之前,将推行的方向、意图确定清楚,并决定部分推行重点的基本原则,如推行组织结构、评审以及奖励表扬原则。

2. 拟订推行计划

推行计划的主要内容至少须包括:

(1) 目的;

(2) 组织职能;

(3) 提案范围;

(4) 提案的处理要求;

(5) 提案的评审与奖励方法;

(6) 提案的实施与追踪要求。

计划拟订完成后,需呈最高主管阶层核定,以作为推动执行的依据。

3. 推动与执行

推动的权责必须在计划拟订时予以确定,一般企业都会组成一个负责推动的推行委员会,委员会下有推动小组成员数名,这个推动小组可以是常态性组织,也可以是临时性编组,听命于推行委员会。推动小组成员的素质对于提案活动的成败是关键因素,因此推行委员会在遴选小组成员时,需注意其沟通协调能力与服务的热忱。推行委员会通常由各部门主管组成,除了可以将推行的涵盖面扩大外,也有积极鼓励各部门员工提案的用意。

4. 奖励与表扬

提案一经提出,推动小组人员必须依据程序立即处理,并提请相关人员评审,评审时应注意以下事项。

(1) 不要尽是书面评审,最好赴现场了解,并与提案人深入恳谈。

(2) 对初次提案的员工,应多予以鼓励,使其建立信心。

(3) 评审时多考虑提案人的素质,不低估提案内容,也不高估提案效益。

(4) 提案人往往渴望得知处理结果,因此推动小组需对所有提案立即处理,不得拖延,并要马上告知结果。

(5) 提案无论好坏,都代表提案人的诚意与贡献,所以不要忘了对其赞赏。

(6) 提案经评审后,受理奖可以直接由推动小组成员赋予,其他实施效益有奖励者,可以通过公开表扬的方式,由最高管理者颁奖鼓励。这样不但起到示范作用,而且可显示高层对此活动的重视。

5. 提案制度推动检讨与修正

提案制度推动一段时间后,必须检讨推动成效,并做适当修正,避免推动热度冷却,并检视推动过程的缺失。提案成效,也需由推动小组成员统计分析,了解优缺状况,同时可对推动成果良好的部门进行公开奖励表扬。

第二节　现场开展5S活动

5S 是指整理（seiri）、整顿（seiton）、清扫（seiso）、清洁（seiketsu）、素养（shitsuke）五个项目，因日语的罗马拼音均为"s"开头，所以简称为5S。开展以整理、整顿、清扫、清洁和素养为内容的活动，称为"5S"活动。

一、整理（seiri）

整理（seiri）就是在工作现场，区别要与不要的东西，只保留有用的东西，撤除不需要的东西。

（一）确定现场需要与不需要的判别基准

进行整理，首先要根据情况，分清什么需要，什么不需要，分清使用频度后，按层次规定放置的位置。现场需要与不需要的判别基准如表3-5所示。

表3-5　现场需要与不需要的判别基准

序号	物品类别	判别基准
1	工具	当前不用就是不需要，不用的工具应当收到工具箱里
2	材料、半成品	当前不用就是不需要，不需要的材料应当放到规定地点
3	设备	常用但当前不需要的小型设备：可就近放到指定地点。不常用的小型设备：不需要。报废的设备：不需要
4	无用的包装箱（袋）、垃圾、废品	不需要
5	个人生活用品	不需要

对于现场不需要的物品要坚决清理出生产现场。对于车间里各个工位或设备的前后、通道左右、厂房上下、工具箱内外，以及车间的各个角落，都要彻底搜寻和清理，达到现场无不用之物。

（二）实施现场检查

实施现场检查时主要做好地面、天花板、工作台、办公区、仓库等区域的检查工作，具体的检查内容如表3-6所示。

表 3-6 现场检查的主要内容

场所	检查内容	场所	检查内容
地面 （尤其要注意死角）	（1）推车、台车、叉车等搬运工具 （2）各种良品、不良品、半成品、材料 （3）工装夹具、设备装置 （4）材料箱、纸箱、容器等 （5）油桶、漆罐、油污 （6）花盆、烟灰缸 （7）纸屑、杂物	天花板	（1）导线及配件 （2）蜘蛛网 （3）尘网 （4）单位部门指示牌 （5）照明器具等
		墙上	（1）标牌、指示牌 （2）挂架、意见箱 （3）吊扇、配线、配管 （4）蜘蛛网
工作台	（1）破布、手套等消耗品 （2）螺丝刀、扳手、刀具等工具 （3）个人物品、图表资料 （4）余料、样品	仓库	（1）原材料、辅助材料 （2）呆料 （3）废料 （4）其他非材料的物品
办公区域	（1）抽屉和橱柜里的书籍、档案 （2）桌上的各种办公用品 （3）公告板、海报、标语 （4）风扇、时钟等	室外	（1）废弃工装夹具 （2）生锈的材料 （3）自行车、汽车 （4）托板 （5）推车、轮胎

清理非必需品的原则是看该物品现在有没有"使用价值"，而不是原来的"购买价值"。对暂时不需要的物品进行整理时，应进行认真的研究，判断这些保留的物品是否有保留的价值，并弄清保留的理由和目的。当不能确定今后是否还会有用时，可根据实际情况来决定一个保留期限，先暂时保留一段时间，等过了保留期限后，再将其清理出现场。物品的放置判断要求如表 3-7 所示。

表 3-7 物品的放置判断要求

使用次数	判断基准
一年没用过一次的物品	废弃，放入暂存仓库
也许要使用的物品	放在职场附近
三个月用一次的物品	放在工程附近
一星期用一次的物品	放在使用地
三天用一次的物品	放在不用移动就可以取到的地方

（三）非必需品的判定

非必需品的判定步骤为：

（1）把那些非必需品摆放在某一个指定场所，并在这些物品上贴上红牌；

（2）由指定的判定者对等待判定的物品进行最终判定，决定其应卖掉、挪用、修复还是修理等。

（四）处理非必需品

对贴了非必需品红牌的物品，必须一件一件地核实实物和票据，确认其使用价值。若经判定，某物品被确认为有用，那么就要揭去非必需品红牌。若该物品被确认为非必需品，则应该具体决定处理方法，填写非必需品处理栏目。一般来说，对非必需品有以下几种处理方法如表3-8所示。

表3-8　非必需品的处理方式

序号	处理方式	说明
1	改用	将材料、零部件、设备、工具等改用于其他项目或其他需要的部门
2	修理、修复	对不良品或故障设备进行修理、修复，恢复其使用价值
3	作价卖掉	由于销售、生产计划或规格变更，购入的设备或材料等物品用不上。对这些物品可以考虑和供应商协商退货，或者（以较低的价格）卖掉，回收货款 若该物品有使用价值，但可能涉及专利或企业商业机密的，应按企业具体规定进行处理；如果该物品只是一般废弃物，在经过分类后可将其出售 若该物品没有使用价值，可根据企业的具体情况进行折价出售，或作为培训、教育员工的工具
4	废弃处理	对那些实在无法发掘其使用价值的物品，必须及时实施废弃处理

二、整顿（seiton）

整顿（seiton）就是把要用的东西，按规定位置摆放整齐，并做好标示进行管理。整顿要规定三项原则，如图3-4所示。

规定放置场所	规定放置方法	遵守保管规则
放置场所要遵循一定的规律性，如何保持这种规律性，就是整理、整顿的方法研究，也是个技术问题	好的放置方法是指查找容易和取拿方便	为了遵守放置场所的规定，必须彻底贯彻从哪儿拿走，还放回哪儿的方针。此外，为防止缺货，对库存管理和出库方法进行训练也很重要。这是做好整理整顿决定性的办法

图3-4　整顿的三项原则

(一)规定放置场所

(1)撤掉不用的物品。减少50%库存量,车间里(岗位上)不常用物品原则上一种只留1个,其他一律清理除去。

(2)分类区分。分类区别什么放在远处,什么放在近处,什么放在中央仓库。近处只放必需的物品。室内的整体布局应该是,使用次数多的物品放在门口附近,重的物品放在容易搬运的地方。这种分类区分法就是符合系统规律性的分类法。

(3)统一名称。现场使用、保管的物品名称要统一。在撤掉不用的物品时,会在数量、名称问题上,意外地发现许多没有名称、名称重复或没有具体名称等问题,因而有必要予以统一。

(二)规定放置方法

规定放置方法时要研究符合功能要求的放置方法。所谓符合功能要求,就是要考虑怎样放置在质量上、安全上、效率上都没有浪费或徒劳。在质量上,特别要注意品名。形状、品名、号码相似的物品要放得距离远一些,或放一个样品以便确认,或者用不同的颜色和形状来防止出错。在品名上把隔板的仓库号码作为后背号填上。

物品放置方法的要点如表3-9所示。

表3-9 物品放置方法的要点

序号	要点	具体操作要领
1	画线和定位标志	(1)现场的整顿首先要对通道和区域进行画线,标明定位。当然,最重要的原则是要有利于作业的合理布局 (2)布局应以直线、直角、垂直、平行为原则 (3)主通道和副通道画的线的宽度和颜色也可以不同 (4)限制物品摆放的高度也很重要,它有助于防止物品掉下、倒下或库存过多
2	台座隔板、台车等	(1)减少台座和隔板的使用数量。物品放在台座和隔板上。不用的撤掉或收拾起来 (2)台座和隔板高矮不一样时,下面需要适当垫一下,摆成几层高度 (3)台座或隔板不直接放在地上,用其他物品垫起来 (4)尽量少用吊车和叉车,使用台车效率高
3	管线	(1)管线要离开地面,要防止打捆、摩擦和震动,要保持直线、直角和松散的状态 (2)不在地下埋线,全部在地上用垫子垫起来或者一根一根分别用不同的种类、号码、颜色来区分,以防止出错。还要考虑布局变更容易
4	工具	(1)在设计上和维修上不考虑使用工具 (2)减少工具的使用数。比如,螺栓种类减少了,就可以少用扳手 (3)工具要放在取拿方便的地方 (4)按照使用顺序摆放工具

续表

序号	要点	具体操作要领
4	工具	（5）拿起工具不用改换姿势马上就能工作 （6）工具挂起来松开手就能恢复到原来的位置
5	刀具	（1）不能弄错品名。保管场所要具备不至于掉齿、损坏、生锈、弄脏的条件 （2）减少库存数量 （3）有时把刀具立起来保管，从安全上考虑一定要戴上套
6	耗材	（1）对于耗材，首先固定场所，分好类，并规定数量和位置。超过就应视为异常，另行管理 （2）耗材必须按"先进先出法"使用
7	备品	（1）备品的保管，可以考虑保存双份或确定最低库存量 （2）保管中的备品要保持任何时候都能使用的状态。保管的物品如污垢、伤痕、生锈等要有明确的标示
8	润滑油、动作油等油脂	（1）减少和合并油种名称，以减少种类 （2）按颜色管理 （3）集中管理和分开标志管理，都要遵守规定的保管场所、数量和规则 （4）根据油种和注油口的形状准备好用具 （5）对防火、公害、安全方面都要考虑周到 （6）改进注油方法和延长注油周期
9	计测器具、精密贵重工具等及日常保管用的容器	（1）计测器具、精密贵重工具等，实行专人管理 （2）对日常保管用的容器以及放置方法要下功夫研究
10	大物品	（1）对大、重的物品要下功夫研究其形状和使用方法，以确定保管和搬运它们的方法 （2）对安全钢丝绳和扫除用具等都要下功夫研究其存放的容器和放置方法
11	小物品、消耗品等	（1）作为经常储备品，要管好订货 （2）属于散落物品，要防止在生产线上飞散和落下 （3）像弹簧那样缠绕的物品，垫圈那样不好拿的物品，要少量保管
12	标示、布告、文字、条件表、图纸、黏胶带	（1）不是什么地方都可以张贴，要规定张贴的地方及范围 （2）布告要写上期限，没有期限的不能张贴 （3）黏胶带的痕迹要擦干净 （4）贴纸时上面的高度要对齐

三、清扫(seiso)

接下来要对工作场所和设备进行清扫。把工作场所打扫得干干净净,设备维护认真、仔细、到位。大扫除的注意要点为:

(1)注意高空作业的安全;

(2)爬上或钻进机器时要注意;

(3)使用洗涤剂或药品时要注意;

(4)使用錾凿工具或未用惯的机器时要注意;

(5)扫除时要注意,不要由于使用洗涤剂而使设备生锈或弄坏设备。

在大扫除时要检查一下有问题的地方,如建筑物、屋脊、窗户、通道天棚、柱子、管路线路、灯泡、开关、台、棚架、更衣室、外壳的盖的脱落或破损以及安全支架和扶手的损坏等,要采取措施彻底解决这些问题以及长锈、脱落、杂乱等。

另外,设备的清扫、检查要从设备内部着手,设备的各个部位都应该清扫、检查,但关键的是要防止设备磨损损耗,所以应对污垢进行清扫、缺油注油、松动扭紧和发热的温度管理等工作。

四、清洁(seiketsu)

清洁就是将整理、整顿、清扫实施的做法制度化、规范化,维持其效果。清洁的步骤如表3-10所示。

表3-10 清洁的步骤

序号	步骤	说明
1	检查清扫结果	清扫结束后,进行清扫结果的检查,主要是为了确定清扫的内容与目的是否达到以及清扫是否彻底
2	目视化	目视化管理要达到以下目的: (1)从远处看也能明确; (2)管理的物品要有标志; (3)好坏谁都能明确指出来; (4)谁都能使用,使用起来方便; (5)谁都能维护,立即可以修好; (6)使用工具,车间就可以明朗顺畅起来
3	保持制度化——一起做3分钟5S	(1)全员一起行动在短时间内做好5S。全员一起行动非常重要 (2)把时间划分为段落也很重要 时间划分可以短一些,定时做5S,如在开始工作前,工作结束时,周末、月末和完工时做"1分钟5S""3分钟5S"或"30分钟5S"等 (3)一起活动对质量、安全检查也有作用。一天只要一起进行几次质量检查和安全检查,就可以大量减少失误

五、素养（shitsuke）

素养是指改变人们的习惯，并养成良好的习惯。素养活动的实施要点为：
（1）制定服装、仪容、识别证标准；
（2）制定共同遵守的有关规则、规定；
（3）制定礼仪守则；
（4）开展教育训练（新进人员强化 5S 教育、实践）；
（5）推动各种精神提升活动（如晨会、礼貌运动等）。

第三节　全员生产维修

TPM 是英文 total productive management 的缩写，中文意思是全员生产维修，这是日本人在 20 世纪 70 年代提出的。TPM 是以提高设备综合效率为目标，以全系统的预防维修为过程，以全体人员参与为基础的设备保养和维修管理体系。TnPM：全员规范生产维护，是对 TPM 的继承、延续和创新。

一、全员生产维修的特点

全员生产维修的特点就是三个"全"，即全效率、全系统和全员参加，具体如图 3-5 所示。

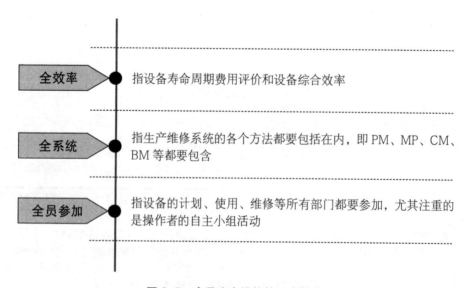

图 3-5　全员生产维修的三全特点

二、全员生产维修的目标

全员生产维修的目标可以概括为四个"零",即停机为零、废品为零、事故为零、速度损失为零,具体如图 3-6 所示。

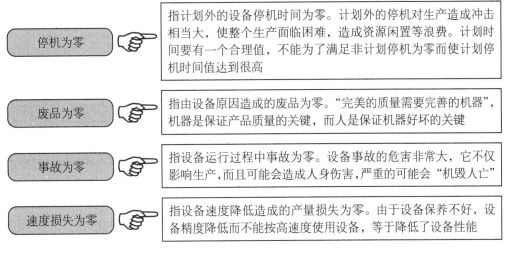

图 3-6　全员生产维修的四零目标

三、全员生产维修的理论基础

全员生产维修是以丰富的理论作基础,它也是各种现代理论在企业生产中的综合运用。其理论基础可以用图 3-7 表示。

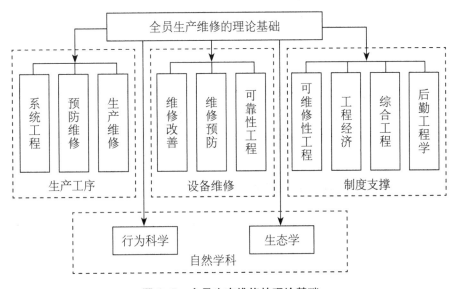

图 3-7　全员生产维修的理论基础

四、全员生产维修给企业带来的效益

全员生产维修给企业带来的效益体现在产品成本、质量、生产率、库存周转、安全环境以及员工的劳动情绪方面，如图3-8所示。

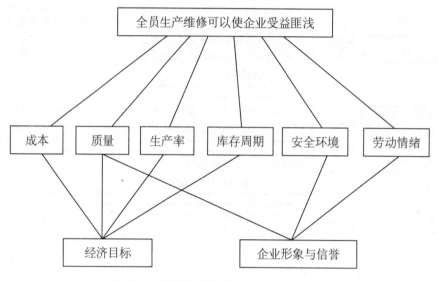

图3-8 全员生产维修给企业带来的效益

五、推行全员生产维修的要素

推行TPM要从三大要素上下功夫，这三大要素如下。

（1）提高工作技能：不管是操作工，还是设备工程师，都要努力提高工作技能，没有好的工作技能，全员参与将是一句空话。

（2）改进精神面貌：精神面貌好，才能形成好的团队，共同促进，共同提高。

（3）改善操作环境：通过5S活动，使操作环境良好，一方面可以提高员工的工作兴趣及工作效率，另一方面可以避免一些不必要的设备事故。现场整洁，物料、工具等分门别类摆放，也可使设置调整时间缩短。

六、全员生产维修的阶段和步骤

全员生产维修大体上分成四个阶段和十二个具体步骤。

（一）四个阶段

全员生产维修的四个阶段的主要工作和作用如表3-11所示。

表 3-11　全员生产维修的四个阶段的主要工作和作用

序号	阶段	主要工作和作用
1	准备阶段	引进 TPM 计划，创造一个适宜的环境和氛围。这就如同产品的设计阶段一样
2	开始阶段	TPM 活动的开始仪式，通过广告宣传造出声势。这就相当于下达产品生产任务书一样
3	实施推进阶段	制定目标，落实各项措施，步步深入。这就相当于产品加工、组装过程
4	巩固阶段	检查评估推行 TPM 的结果，制定新目标。这就相当于产品检查、产品改进设计过程

（二）十二个具体步骤

全员生产维修的十二个具体步骤如表 3-12 所示。

表 3-12　全员生产维修的十二个具体步骤

阶段	步骤	主要内容
准备阶段	（1）领导层宣传引进 TPM 的决心	以领导讲演宣布 TPM 开始，表示决心，公司报纸刊登
	（2）TPM 引进宣传和人员培训	按不同层次组织培训，利用投影宣传教育
	（3）建立 TPM 推进机构	成立各级 TPM 推进委员会和专业组织
	（4）制定 TPM 基本方针和目标	找出基准点和设定目标结果
	（5）制订 TPM 推进总计划	计划从 TPM 引进开始到最后评估为止
开始阶段	（6）TPM 正式起步	举行仪式，开大会请订货、协作等相关公司参加，宣布 TPM 正式开始
实施推进阶段	（7）提高设备综合效率措施	选定典型设备，由专业指导小组协助攻关
	（8）建立自主维修体制	步骤、方式及诊断方法
	（9）维修部门建立维修计划	定期维修、预知维修、备品、工具、图纸及施工管理
	（10）提高操作和维修技能的培训	分层次进行各种技能培训
	（11）建立前期设备管理体制	维修预防设计，早期管理程序，寿命周期费用评估
巩固阶段	（12）总结提高，全面推行 TPM	总结评估，接受生产维修奖审查，制定更高目标

七、全员生产维修活动中的各层次的角色

全员生产维修活动中的各层次的角色如表 3-13 所示。

表 3-13　全员生产维修活动中的各层次的角色

序号	层次	角色
1	高层	（1）批准投资计划 （2）人财物预算
2	中层	（1）领导协调小组活动 （2）制订详细执行计划 （3）调度资源 （4）评价执行效果 （5）控制执行预算
3	基层	（1）严格执行计划，反馈现场信息 （2）控制现场秩序

八、全员生产维修展开的八个支柱

全员生产维修展开的八个支柱如图 3-9 所示。

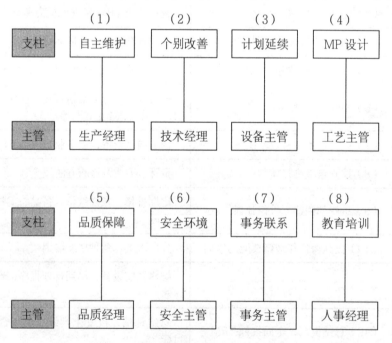

图 3-9　全员生产维修展开的八个支柱

第四节　全面质量管理

TQM 是 total quality management 的缩写，中文意思是全面质量管理，是指企业全体员工及有关部门同心协力、把专业技术、经营管理、数理统计和思想教育结合起来、建立起产品的研究、设计、生产（作业）、服务等到全过程的质量体系，从而有效地利用人力、物力、财力、信息等资源，提供出符合规定要求和用户期望的产品或服务。

适用于企业的质量管理。

一、进行全面质量管理的益处

全面质量管理能够在全球获得广泛的应用与发展，与其自身所实现的功能是密不可分的。总体来说，全面质量管理可以为企业带来如下益处。

（1）缩短总运转周期。
（2）降低质量所需的成本。
（3）缩短库存周转时间。
（4）提高生产率。
（5）追求企业利益和成功。
（6）使顾客完全满意。
（7）最大限度获取利润。

二、全面质量管理的特点

全面质量管理具有很多特点，以下是其显著特点。
（1）拓宽管理跨度，增进组织纵向交流。
（2）减少劳动分工，促进跨职能团队合作。
（3）实行防检结合、以预防为主的方针，强调企业活动的可测度和可审核性。
（4）最大限度地向下委派权利和职责，确保对顾客需求的变化做出迅速而持续的反应。
（5）优化资源利用，降低各个环节的生产成本。
（6）追求质量效益，实施名牌战略，获取长期竞争优势。
（7）焦点从技术手段转向组织管理，强调职责的重要性。
（8）不断对员工实施培训，营造持续质量改进的文化，塑造不断学习、改进与提高的文化氛围。

三、全面质量管理必须要做到"三全"

进行全面质量管理必须要做到"三全",如图 3-10 所示。

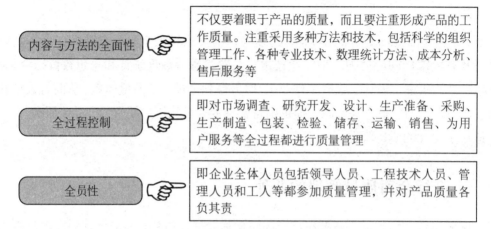

图 3-10　全面质量管理的"三全"

四、全面质量管理的内容

全面质量管理主要包括以下内容。

(一)产品设计过程的质量管理

设计试制过程是指产品(包括未开发的新产品和改进后的老产品)正式投产前的全部开发研制过程,包括调查研究、方案论证、产品设计、工艺设计、产品试制、试验、鉴定以及标准化工作等内容。

(二)生产制造过程的质量管理

当产品经过设计、试制的阶段后正式投入生产时,生产制造过程的质量水平直接影响着产品最后的质量。因此,在这一阶段的质量管理工作,如表 3-14 所示。

表 3-14　生产制造过程的质量管理工作

序号	工作项目	说明
1	加强工艺管理	企业应该严格工艺纪律,全面提高生产制造过程的质量保证能力,使生产制造过程经常处于稳定的控制状态,并不断进行技术革新,改进工艺
2	加强技术检验	为了保证产品质量,必须根据技术标准,对原材料、在制品、半成品、成品直至工艺过程的质量都要进行检验,保证做到不合格的原材料不投产,不合格的制品不转序,不合格的半成品不使用,不合格的零件不装配,不合格的成品不出厂

续表

序号	工作项目	说明
3	加强不合格品管理	（1）制定不合格品处理的标准，建立健全原始记录制度 （2）定期召开不合格品分析会议。通过分析研究，找出造成不合格品的原因，并采取措施 （3）做好不合格品的统计分析工作，根据有关质量的原始记录，对于不合格品中的废品、返修品等进行分类统计 （4）建立不合格品技术档案，以便发现和掌握废品产生和变化的规律性，从而为有计划地采取防范措施提供依据 （5）加强工序质量控制。全面质量管理，要求在不合格品产生之前，及时发现并处理问题，防止不合格品产生，为此必须加强工序质量控制

（三）辅助生产过程的质量管理

除了进行基本生产过程的质量管理以外，为保证基本生产过程实现预定的质量目标，保证基本生产过程正常进行，还必须加强对辅助生产过程的质量管理。辅助生产过程的质量管理一般包括：物料供应的质量管理、工具供应的质量管理和设备维修的质量管理等。

（四）产品使用过程的质量管理

产品的使用过程是考验产品真实质量的过程，它既是企业质量管理的归宿点，又是企业质量管理的出发点。产品的质量特性是根据客户使用的要求而设计的，产品真实质量的好坏要靠客户评价。因此，企业的质量管理工作必须从生产过程延伸到使用过程。

产品使用过程的质量管理，主要应做好如图3-11所示几项工作。

1 加强技术支持和服务工作，及时有效地解决客户的技术困难

2 注意调查客户使用效果和使用要求，及时收集信息，为提高质量提供依据

3 妥善处理产品质量纠纷，及时了解客户反映的意见，如果确实存在制造问题，应及时修理或更换，保护客户权益，创造良好的信誉

图3-11 产品使用过程的质量管理要点

五、全面质量管理的推行要点

在具体推行过程中，需注意的要点如图3-12所示。

培训教育	☞	通过培训教育使企业员工牢固树立"质量第一"和"顾客第一"的思想，营造良好的企业文化氛围，采取切实行动，改变企业文化和管理形态
标准化	☞	制定企业人、事、物及环境的各种标准，这样才能在企业运作过程中衡量资源的有效性和高效性
推动全员参与	☞	对全过程进行质量控制与管理。以人为本，充分调动各级人员的积极性，推动全员参与
做好计量工作	☞	计量工作包括测试、化验、分析、检测等，是保证计量的量值准确和统一，确保技术标准的贯彻执行的重要方法和手段
做好质量信息工作	☞	根据企业自身的需要，应当建立相应的信息系统，并建立相应的数据库
建立质量责任制，设立专门质量管理机构	☞	全面质量管理的推行要求企业员工自上而下地严格执行。从最高层管理者开始，逐步向下实施；TQM的推行必须获得企业最高层管理者的支持与领导，否则难以长期推行

图3-12　全面质量管理的推行要点

第四章
精益生产之计划管理

情景导入

杨老师:"前面的几节课,我们主要讲了精益生产的基础知识、必备的概念和常用的工具。那么,从这节课开始,我们就要把这些基础知识融入生产实践中了。"

小张:"前几节课我们打好了地基,这节课开始盖房子了。"

杨老师:"比喻得非常好。不管学多少理论知识,我们都要应用到实践中才算是学以致用。那么,这节课我们讲精益生产管理的计划管理。"

小张:"生产计划也能精益化吗?我觉得不用讲啊,生产计划我们都会做,而且生产计划都是根据客户订单、物料采购交期、生产实际情况等安排的,这样还能再改善优化吗?"

杨老师:"是的,我相信大家都是非常优秀的员工,做生产计划一定都不在话下,但是请大家想一下,自己做到最好了吗?"

小张:"没有。有时候我觉得一个订单可以有更好的安排,但是物料不能按照这个最好的时间到,或者有时最好在某个时间生产,但是生产线空不出来。"

杨老师:"是的,大家都知道,对于生产计划要考虑很多方面的问题,有时候考虑多了,'问题'就多了,这个问题是我们在生产中不想看到的。那么,我们如何避免这些问题产生呢?就需要在做计划时协调好相关的各部门,这样才能减少浪费,比如时间的浪费、物料等待生产时储存管理的浪费、仓库位置的浪费等。"

小王:"听您讲了这些,真是为我刚才的想法感到惭愧。我的确还有很多不足,还需要不断学习,提高自己。"

杨老师:"有不足不怕,及时改进就好了,我们这次培训就是要找到工作中的不足并进行改进,也是我们互相学习、互相提高的过程。好啦,我们开始上课吧。"

第一节 生产计划的制订

一、生产计划的认知

(一) 生产计划的含义

生产计划简单地说,就是"什么时候在哪个单位,由谁做什么,做多少"的作业计划。其包含两方面内容,如图4-1所示。

图 4-1 生产计划的含义

(二) 生产计划的种类

生产计划按时间不同分为长期计划、中期计划、短期计划。因生产类型的不同,各计划的重点也有一定的区别,具体如图4-2所示。

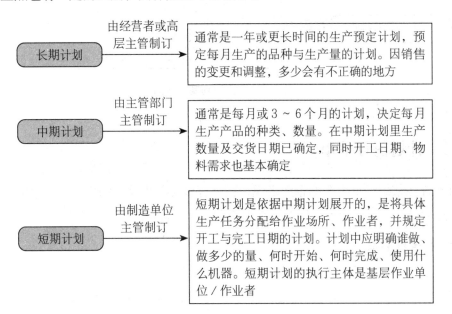

图 4-2 生产计划的区别

二、生产计划的制订依据

生产计划是生产活动的基础,也是各相关部门和人员进行工作活动的依据。而这些活动是相互关联的,必须有序地进行。要让制订的生产计划发挥应有的作用,就必须有好的制订依据。计划的依据依机能来划分,具体如图4-3所示。

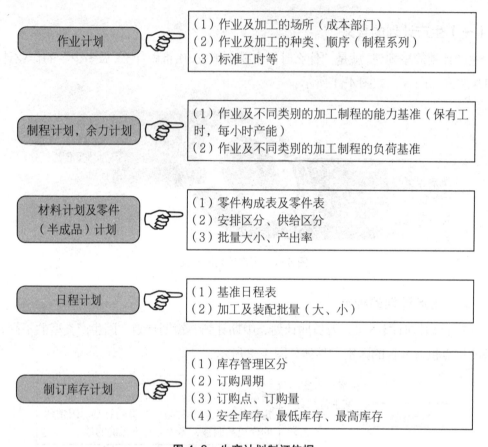

图4-3 生产计划制订依据

三、计划前订单审查

对于许多依据订单生产的企业来说,在将订单转化为具体的生产计划之前,所有的订单都必须经过审查,以确认是否具有生产和按时交货的能力。

(一)审查职责

企业的订单审查是几个部门共同完成的,如图4-4所示,通常由生产部门主导,其他部门协助来完成。因此,在接到销售部的订单时,生产经理要仔细审查,不要轻易签字。

销售部 — 负责所有已经由生产部、技术部、品质部、物控部等审核并确认交货日期的订购合同的批准工作

技术部 — 确认本企业是否具备该单生产技术能力

品质部 — 确认本企业是否具备该单品质控制能力

物控部 — 遇到紧急订单时，物控部负责确认紧急订单的物料需求

采购部 — 遇到紧急订单时，采购部负责确认紧急订单的采购配件需求

生产部 — 负责所有订单和订购合同的审核工作，并确认每一份订购合同的交货日期

图 4-4　各部门订单审查职责

（二）审查事项

生产部在接到销售部提供的正式订单后，审查订单客户要求，如果交货期、质量、技术水平、新产品、包装等相关数据无误，则可签名确认。

1. 交货期确认

客户发来订单，订单上已经标明交货日期，接下来生产经理则要确认在交货期内是否可以完成订单。以下是常用的交期计算公式。

$$交货期 = 原料采购时间（外协） + 生产制造时间 + 运送与物流时间 + 验收和检查时间 + 其他预留时间$$

2. 质量确认

质量由品质部来确认。其确认点为企业是否可以达到客户所要求的质量标准，如螺纹精度、气压水平、流量是否超过企业的质量控制水平。如果超过了企业的质量控制水平，则应该拒绝签字。

3. 技术水平确认

技术水平确认通常由生产部和技术部联合进行，其具体确认内容如图 4-5 所示。

图 4-5 技术水平确认的内容

4. 新产品确认

有时候，客户所要求的产品可能是新产品。生产部管理员接到订单后，应确认此款新产品有无编号、BOM 等书面及系统数据。如果数据不完整，生产部管理员则应及时通知生产经理与技术部、销售部。通常会出现两种情况，如图 4-6 所示。

图 4-6 新产品确认的两种情况

讲师提醒：针对紧急订单，生产经理必须要求下属计划员查询订单所需物料状况，如果无法满足交货期，应及时与销售部协商，直至定出双方可以接受的交期为止。

5. 包装确认

一般来说，包装是由客户提供的。所以在接单后，生产经理要督促销售部，最好在 3 天内催促业务员提供包装设计单，7 天内提供客户注意事项，以交生产部设计包装样式。

四、生产计划制订步骤

制订详细、准确的生产计划是保证生产交货期和提高生产效率的前提条件。现场管理者要结合生产的实际规模、订单的多少合理安排生产计划。生产计划的制订主要分为三个步骤，如图 4-7 所示。

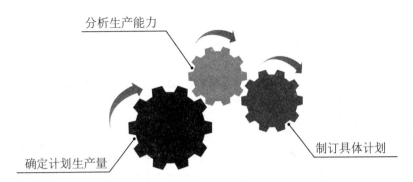

图 4-7 生产计划制订步骤

（一）确定计划生产量

生产计划量可按以下公式计算。

生产计划量＝期间销售计划量＋期末产品库存计划量＋期初产品库存量

式中，期间销售计划量是以市场需求预测为基础，由销售部门考虑相关因素所计划的量。

期末产品库存量是为防备下期的需要，而预先准备所决定的量。

期初产品库存量是在该期间之前，已经存在的库存量。

（二）分析生产能力

在拟定计划前，必须对生产能力进行分析，以确定具体的人力和物力分配。

1. 分析内容

生产能力分析的内容如图 4-8 所示。

内容一	要生产哪些产品？生产进度是怎样的？生产期限是多久
内容二	生产这些产品需要哪些材料？每种材料需要多少（按定额和合理损耗来推算）？如何保证这些材料供应
内容三	生产这些产品对技术有什么要求？目前技术力量能否满足需要？如果不能，如何解决
内容四	生产这些产品需要使用哪些设备？需要多少设备
内容五	生产这些产品需要多少人力？现有多少人力？这些人力够不够？如果不够，差多少？怎样解决差的这部分人力？是重新组织，还是补充

图 4-8 生产能力分析的内容

2. 技术分析

对技术能力的分析可通过编制一些表格、设定栏目来进行，如表 4-1 所示。

表 4-1 技术能力分析

产品名称	工序	各工序技术要求		现有技术力量		技术差距		解决方法
		人数	水平	人数	水平	人数	水平	
	合计							

3. 人力负荷分析

技术人员在上述"技术能力分析"表中已经解决，注意此处仅分析作业人员。

依据生产计划，针对各种产品的数量和作业标准时间，计算出生产每种产品所需的人力，再将各种产品所需人力加起来。

比较现有人力与实际需要人力，求出差额。具体可通过人力需求计算表进行计算，如表 4-2 所示。

表 4-2 人力需求计算

项目	产品名称							合计
①标准工时								
②计划产量								
③标准总工时								
④每人每月工时								
⑤人员宽裕率								
⑥所需人数								

注：③ = ② × ①；④ = 每人每天工作时数 × 每人每月工作天数；⑤表示必要的机动人数，以备缺员时可以调剂，一般可定为 10% ~ 15%；⑥ = ③ ÷ ④ × （1+⑤）。

对于计算出的结果，如果人员需求大于或等于现有人力，则可以按计划生产。如果人手不够，则应申请补充人员或调整负荷（安排加班）。

4. 设备负荷分析

人员的数量做好了计划，还必须考虑到机器设备是否能保证生产要求。所以还需对设备负荷进行分析，具体步骤如图 4-9 所示。

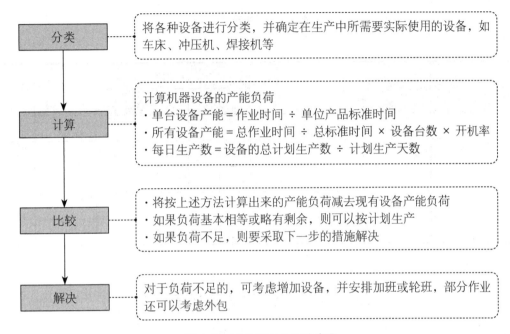

图 4-9 设备负荷分析的步骤

（三）制订具体计划

在进行相关的人力、设备负荷分析后，就要着手制订具体的计划。根据时间的长短，应分别制作月、周生产计划。日生产计划可由各班组长根据周生产计划制订。

1. 月度生产计划

月度生产计划根据月度销售计划或者月度的生产交期排程计划来制订，如表 4-3 所示。在制订计划时，必须注意要按时间先后排列，并将同类型产品集中，对于重点客户优先考虑。

表 4-3 月度生产计划

制程名称：　　　　　　　　　　　　　　　　　　　　　　　　月份：

序号	制令号	客户	产品	生产批量	1	2	3	4	5	6	7	8	…	31

2.周生产计划

周生产计划根据月度计划而制订,对每周的生产任务做好计划,计划的格式如表4-4所示。

表4-4 周生产计划

月份:

序号	生产批次	指令单号	品名	计划生产数	计划日程(星期)							备注
					一	二	三	四	五	六	日	

第二节 生产计划的执行

一、生产计划的落实

生产计划制订完毕后,要及时落实。

(一)召开生产工作会议

企业生产计划制订完毕后可以立即召开生产工作会议,由生产计划员汇报生产计划情况,相关主管人员则要布置下一阶段的生产任务。

生产工作会议的内容如图4-10所示。

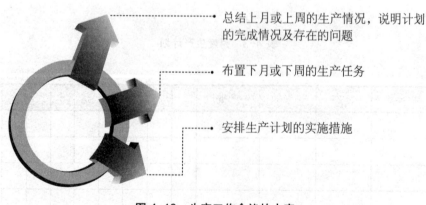

图4-10 生产工作会议的内容

(二)安排生产任务

生产计划确定以后,企业就要着手安排具体的工作任务,将生产计划付诸实施。

1. 制作具体排程

根据已确定的生产计划,具体可采用如表4-5所示的形式进行安排。

表4-5 生产计划安排

编号: 月份:

生产项目	生产数量	起止日期		生产线1			生产线2			生产线3			备注
		自	至	人力需求	物料需求	起止日期	人力需求	物料需求	起止日期	人力需求	物料需求	起止日期	

2. 发放生产任务单

生产任务单由生产计划员制定,生产经理确认签字后交由生产统计员发放。生产任务单一般包含产品名称、生产完工数量、质量要求等内容,其格式如表4-6所示。

表4-6 生产任务单

指令部门: 指令日期:
制造部门: 指令单编号:

制单编号		品名		数量	
客户		原订单编号		交货期	
投产日期		完成日期		实际完成日期	
用料分析					
材料名称									
领用量									
品质检验									

注:本单一式六联。第一联是备料单,此联交给物料库准备材料;第二联是领料单,用此联向物料库领料;第三联是品检单,产品完成移入下道工序前由品检做检验,合格品盖章(含第四、第五、第六联);第四联是入库单(或交接单),依此联入库或工序之间交接;第五联是生产管理联,此联用于产品入库或交接后通知生产管理人员,作为进度完成依据;第六联是制造命令单,此联为制造部门存档。

讲师提醒　生产任务单必须在投产日期前发放，且发放到与生产相关的车间、品质部、物控部、仓储部等。

二、生产计划的协调

制订的生产计划再周密也会有疏漏的地方，再加上生产中有许多变化因素，如果不及时进行协调，妥善处理问题，就会影响正常的交货期。

（一）协调月生产计划与月出货计划

由于物料、人力、机器等各种原因，月生产计划与月出货计划往往不可能完全一致。为确保生产的按时进行，并符合客户的要求，两者应从图4-11所示几方面进行协调。

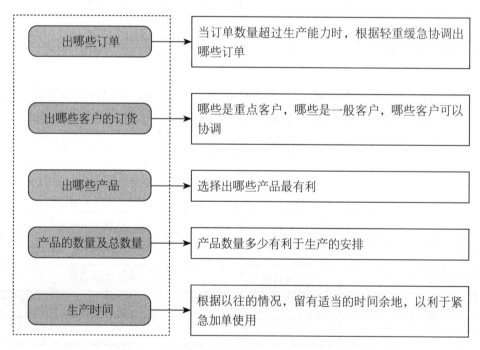

图4-11　协调月生产计划与月出货计划的内容

（二）协调周生产计划与周出货计划

周生产计划是生产的具体执行计划，其准确性应非常高，否则，无充裕的时间进行修正和调整。周生产计划应在月生产计划和周出货计划基础上进行充分协调，应考虑到如图4-12所示因素。

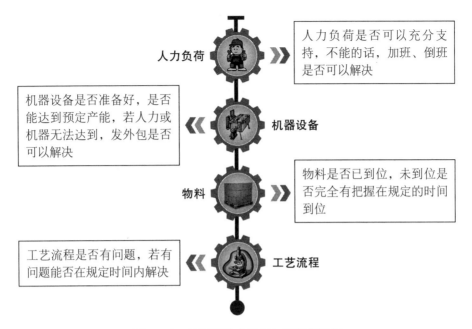

图 4-12　协调周生产计划与周出货计划

三、计划延误的处理

由于出现急单、物料供应落后、机器故障等情形，经常导致现场的计划出现延误。计划如果有延误的征兆，交货期就会受到影响。所以企业的现场主管必须掌握现场的具体生产情形，并及时补救。计划延误的处理包括三方面的内容，如图 4-13 所示。

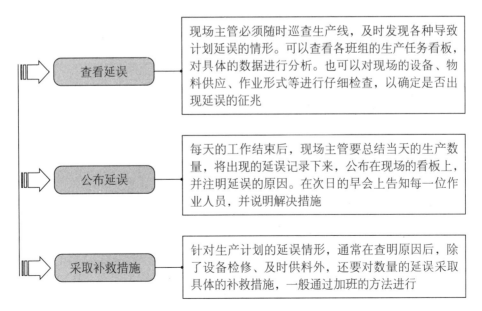

图 4-13　计划延误的处理措施

讲师提醒：在安排加班时，尽量不要将所有的任务累计起来而集中到某一休息日（星期天）进行，最好将任务平均安排在工作时间内，可以每天安排加1~2小时的班。

四、生产计划的变更

生产计划变更，是指已列入周生产计划内的生产订单，因市场需求变化、生产条件变化或其他因素需调整生产计划的变更。

（一）生产计划变更标准

生产计划变更标准包括生产计划的制订指标标准、内容标准、编制标准、安排标准和实施标准等内容，具体如图4-14所示。

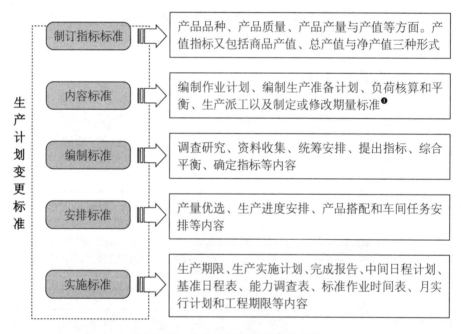

图4-14 生产计划变更标准的内容

（二）生产计划变更时机

一般生产计划变更时机，主要有几种情况，如图4-15所示。

---

❶期量标准包括生产节拍、标准指示图表和制品定额等。

- 客户要求追加或减少订单数量时
- 客户要求取消订单时
- 客户要求变更交货期时
- 客户有其他要求导致生产计划必须调整时
- 因生产进度延迟而可能影响交货期时

- 因物料短缺预计将导致较长时间停工时
- 因技术问题延误生产时
- 因品质问题尚未解决而需延长生产时间时
- 因其他因素必须调整生产计划时

图 4-15　生产计划变更的时机

（三）生产计划变更流程

在生产计划的执行过程中，外部市场需求与内部生产能力可能发生变化。因此必须通过零售商、批发商和成品库将市场信息及时传递到生产部门。此时的生产量与市场需求不再一致，需要根据新的市场信息和当前库存修改和调整生产计划，以避免由于信息延误造成生产量波动。生产计划变更流程如图 4-16 所示。

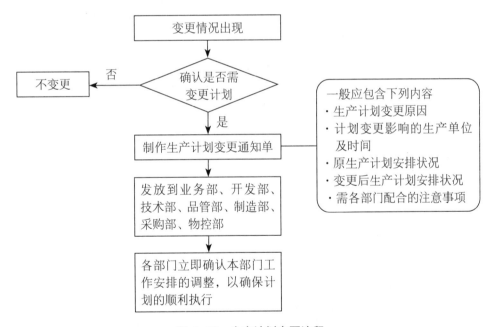

图 4-16　生产计划变更流程

五、插单与急单应急处理

（一）插单与急单的原因

在具体的生产活动中，常常会出现插单与急单，这很容易打乱整个生产计划，严重影响整体生产进度。

插单与急单的出现，业务部和生产部都有原因，如图4-17所示。

业务部　采用提成、奖励、业绩与工资挂钩的方式进行业务员管理，会造成业务员不考虑企业生产能力及订单难度而逢单必接，甚至主动给客户许诺不切实际的交货期

生产部　在总体配置上存在不合理现象，生产能力设计不足；缺少预留生产空间；生产系统的应变能力差等

图4-17　插单与急单出现的原因

（二）插单与急单处理方法

插单与急单的处理方法如图4-18所示。

方法一	首先向客户及业务部门解释和通报生产状况，力争取得谅解
方法二	对于必须接下的急单（如大单、重要客户订单），要及时与物控部、采购部就物料供应问题达成一致，以保证物料供应及时
方法三	应组织所属各车间、班组开会讨论，进行生产动员，鼓舞士气
方法四	组织有关人员详细规划生产细节，有条不紊
方法五	主动与物控、采购、品管、工艺等部门沟通，取得配合
方法六	进行必要的人员、设备、场地、工具调整
方法七	进行工艺指导和员工技术培训
方法八	及时进行工作时间的调整，正确利用加班，适时采用轮班制
方法九	认真进行总体工作分析，并通过优化生产组合与计划组合，发现剩余生产空间
方法十	合理进行设备、材料、人员的再分配，以达到最佳效果
方法十一	对于本车间、班组无法解决的困难，要及时上报取得支持
方法十二	加强人员重组与调动的管理，掌握工作主动权
方法十三	有效地使用奖罚手段，强化执行力度

图4-18　插单与急单的处理方法

第五章
精益生产之生产控制

情景导入

杨老师:"大家好。上节课我们已经做好了生产计划,那么大家说这节课学什么呢?"

"生产。"学员们异口同声。

杨老师:"说得对,我们这节课就来学习如何做好生产控制。大家觉得生产控制里最难的是什么呢?"

小刘:"我觉得交货期的控制比较难。"

这时,台下的学员也纷纷点头表示同意。

杨老师:"看来大家都觉得交货期控制比较难了。"

小刘:"我们也不想耽误交货期,可是生产现场不可控因素真是太多了,有的甚至让人措手不及。"

杨老师:"是不是也曾经因为交货期延误,遭到客户的投诉,最后挨了领导一顿批?"

小刘:"当然有了,现在想想其实有些问题也不是不可避免的,只是当时一个没注意就把问题忽略了。"

杨老师:"所以说,交货期其实是可以得到保障的,关键在于我们是否用心地在做。"

小刘:"是的,我以后的工作还要更用心啊。"

杨老师:"你有这个想法就是好的,还希望以后你能再接再厉。"

小刘不好意思地摸摸头。

杨老师:"我相信,关于生产控制,一定不只是交货期一方面的问题,这节课我们就全面讲讲生产控制,希望大家上完这节课都能做得更好。"

第一节　生产现场管理

一、现场派工

派工是精益生产的一个重要步骤。企业生产派工，由于车间、工段的生产类型不同，因而有不同的方式，通常派工包括标准派工法、定期派工法和临时派工法三种。

（一）标准派工法

1. 适用范围

在大量生产的工段和班组里，每一个车间和每一位员工执行的工序比较少，而且是固定重复的。在这种情况下，生产派工可以通过编制标准计划的方式来实现。

2. 标准计划

标准计划，又称标准指标图表，它是把制品在各个车间上加工的次序、期限和数量等全部制成标准，并固定下来。这实际上就是把派工工作标准化了。

有了它，现场主管人员就可指导各车间的日常生产活动，而不必再经常地分派生产任务。当月产量任务有调整时，派工的任务主要是对每日产量任务做适当的调整。

（二）定期派工法

这种方法适用于成批生产和比较稳定的单件小批生产车间，以便在较短的时期内（旬、周、五日等）定期地为每个车间分派工作任务。定期派工法应注意的三个要点如图 5-1 所示。

1	在派工时，现场主管人员要保证重点，分清轻重缓急
2	既要保证关键零件的加工进度，又要注意关键设备的充分负荷
3	工作的分派要注意适合设备的特点以及操作员工的技术特长

图 5-1　定期派工法注意要点

（三）临时派工法

这种方法适用于单件小批量生产的车间。在这类车间里，车间担负的制品和工序很杂，干扰因素很多，定期地安排计划的派工方式，不仅工作量很大，而且难以切合实际。因而，一般采用临时派工法。

这种方法的特点是根据生产任务和准备工作的情况及各车间的负荷情况，随时把任务下达给车间。现场主管人员采用临时派工法时，要随时了解各个车间的任务分配情况、准备情况和工作进度。派工应当使用生产派工单，如表5-1所示。

表5-1　生产派工单

时间：

订单号		产品名称	
派工数量		规格	
生产要求：			
品质要求：			

二、调遣多能工

多能工是指掌握两项以上操作技能的人员，俗称多面手。因为这些人员在生产作业中可以被灵活地调遣，所以，他们通常是班组长的宝贵资源，也是精益生产的具体实施者。

灵活调遣多能工要点如图5-2所示。

要点一	建立"多能工岗位"表（表5-2），以便掌握本班组多能工的情况，方便在缺人的时候灵活安排
要点二	定期并有意识地调换多能工的岗位，以确保他们各项技能作业的熟练度
要点三	尽可能扩大多能范围，让更多的人成为多面手
要点四	区别多能工的特长和强项，并注意让他们发挥各自的长处
要点五	在平时工作中多注意观察、挖掘和培养多能工
要点六	要确保多能工的岗位津贴保持在合理的平衡点。为此，班组长要了解本工厂的多能工薪资管理制度

图5-2　灵活调遣多能工要点

表 5-2 多能工岗位

序号	姓名	磁厂介入	充磁吸尘	入铜胶介子	电枢芯组入	大小壳组入	啤小壳	奈印（批号）	电检	外观检查
1	杨××	☆	◇	●	◇	◇	●	※	●	☆
2	张××	●	●	◇	☆	●	※	●	※	●
3	刘××	☆	☆	☆	●	※	◇	☆	☆	※
4	李××	●	●	◇	※	●	※	※	☆	◇
5	赵××	※	☆	☆	◇	☆	●	☆	※	●
6	王××	☆	※	●	☆	☆	●	●	◇	●
7	林××	※	◇	☆	☆	☆	●	●	●	●
8	冯××	☆	※	☆	●	●	●	●	●	●
9	周××	●	☆	※	●	☆	●	●	●	●
10	孙××	●	●	☆	☆	●	●	※	●	※

注：☆：表示技能优越，可以指导他人。●：表示技能良好，可以独立作业。※：表示具有此项作业技能，但不很熟练。◇：表示欠缺此项作业。

三、弹性配置作业人数

在传统的生产系统中，通常实行"定员制"，即相对于某一组设备，即使生产量减少了，也必须仍然有相同的作业人员才能使这些设备全部运转。但在市场需求多变的今天，生产量的变化是很频繁的，人工费用也越来越高。

因此，对于劳动密集型的产业，通过削减人员来提高生产率、降低成本是一个重要的课题。精益生产就是基于这样的基本思想，打破了"定员制"观念，创出了一种全新的弹性配置作业人数的方法。

弹性配置作业人数具有两个意义，如图 5-3 所示。

图 5-3 弹性配置作业人数的意义

弹性配置作业人员需要多能工的操作人员，而职务定期轮换是培养多能工的有效方法。职务定期轮换的方法包括如表5-3所示的几种。

表5-3 职务定期轮换的方法及说明

序号	名称	详细说明
1	定期调动	（1）指以若干年为周期的工作场所（主要指班或工段）的变动，职务内容、所属关系、人事关系都发生变化，主要以基层管理人员为对象进行调动 （2）对基层管理人员的定期调动计划由车间制订，主要应考虑被调动人员到目前为止的经历，尚未担任过的工作，本人的意愿，对现场工作的影响等几方面的因素。基层管理人员的定期调动主要是为了使他们能在新的人事关系、工作环境中学习未曾掌握的知识和技能，进一步扩大视野，提高管理能力
2	班内定期轮换	（1）根据情况而进行班内职务变动，所属关系、人事关系基本不变，班内定期轮换的主要目的就是为了培养和训练多面手作业人员 （2）班内定期轮换计划由班组长制订。具体做法是将班内所有作业工序分割成若干个作业单位，排出作业轮换训练表，使全体作业人员轮换进行各工序作业，在实际操作中进行教育和训练，最后达到使每个人都能掌握各工序作业的目的
3	岗位定期轮换	以2～4小时为单位的有计划的作业交替。由于作业内容的差异，作业者的疲劳程度是不同的。在长时间作业的情况下，各个作业者之间会出现疲劳程度的差异，由此容易引起一部分工序作业时间的延长或出差错。所以，以2～4小时为单位的岗位定期轮换的另一个重要意义是能够避免作业人员因长时间从事同一作业而产生疲劳

四、适时巡查现场

（一）现场巡查的内容

现场巡查不仅要抽检产品，还须检查影响产品品质的生产因素（人员、机器、材料、方法、环境、测量）。巡检以抽查产品为主，而对生产线的巡检，以检查影响产品品质的生产因素为主。生产因素的检查包括10项内容，如图5-4所示。

内容一	当操作者有变化时，对人员的教育培训以及评价有无及时实施
内容二	设备、工具、工装、计量器具在日常使用时，相关人员有无定期对其进行检查、校正、保养，各设备是否处于正常状态
内容三	物料和零部件在工序中的摆放、搬运及拿取方法是否会造成物料受损
内容四	不良品有无明显标志，是否放置在规定区域

内容五	工艺文件（作业指导书之类）能否正确指导生产，是否齐全并得到遵守
内容六	产品的标志和记录能否保证可追溯性
内容七	生产环境是否满足产品生产的需求，有无产品、物料散落在地面上的情况
内容八	对生产中的问题，是否采取了改善措施
内容九	操作者能否胜任工作
内容十	生产因素变换时（换活、修机、换模、换料）是否按要求通知质检员到场验证等

图 5-4　生产因素检查的内容

（二）现场巡查方法

（1）使用每日作业实绩表。作业实绩表是对部门、员工每日工作内容的详细记录，是现场品质控制的宝库。通过每日查核作业实绩表，可以有效地掌握现场的工作进度，同时能从作业实绩表中发现工作中存在的品质问题并加以改善。

（2）分时间段巡查。现场管理人员在巡查时必须先确定巡查的内容，并分不同的时间段去巡查，能发现不同的问题，并及时地处理。分时段巡查的内容如图 5-5 所示。

早上30分钟全区巡查

现场管理人员在巡查时要带上生产助理，如果发现与品质有关的问题，要严格对待，并及时查清原因，对一时不能明了的问题，应立即派人去调查。然后召开现场会，将各班组长集中，与相关负责人共同评价刚才所发现的工作问题，并立即下达新的指示

下班前30分钟巡查

下班前 30 分钟对现场进行巡查，主要检查：各种机器设备的运行情况；当日的具体生产数量，并了解不良品的相关情况；观察作业人员的健康状态；听取有关工作延迟、制品不良，以及与其他部门之间的纠纷等当日问题点的报告；综合这些问题点，部门之间的问题应亲自联络并及时向员工反馈联络进度

图 5-5　分时段巡查的内容

（三）巡查记录

在每次巡查后，要及时将各种品质问题进行记录，如表 5-4 所示，以便为进行生产改善和与品质部门沟通提供参考资料。

表 5-4 巡查记录

日期：　　　　　　　　　　　　　　　　　　　　　　　　　　时间：

班组	产品名称	产品编号	生产数量	良品数量	不良品数量	不良率	改善建议措施	备注

五、现场环境的控制

环境是企业开展生产工作的前提，良好的生产环境有助于企业员工提高生产效率。

（一）安排合理照明

合理照明是创造良好作业环境的重要措施。如果照明安排不合理或亮度不够，就会造成操作者视力减退、产品质量下降等严重后果。所以在生产现场要确定合适的光照度，具体的要点如图 5-6 所示。

- 要点一：采用自然光照明时，不允许太阳光直接照射工作空间
- 要点二：采用人工照明时，不得干扰光电保护装置，并应防止产生频闪效应。除安全灯和指示灯外，不应采用有色光源照明
- 要点三：在室内照明不足的情况下，应采用局部照明。照明光源的色调，应与整体光源相一致
- 要点四：与采光的照明无关的发光体（如电弧焊、气焊光及燃烧火焰等）不得直接或经反射进入操作者的视野
- 要点五：需要在机械基础内工作（如检修等）时，应装设照明装置

图 5-6 安排合理照明的要点

（二）加强现场通风

加强通风是控制作业场所内污染源传播、扩散的有效手段。经常采用的通风方式有局部排风、全面通风，如图 5-7 所示。

```
┌─────────────┐              ┌─────────────┐
│   局部排风   │              │   全面通风   │
└─────────────┘              └─────────────┘
即在不能密封的有害物质发生源      即利用新鲜空气置换作业场所内
近旁设置吸风罩，将有害物质从      的空气，以保持空气清新
发生源处直接抽走，以保持作业
场所的空气清洁
```

图 5-7　局部排风和全面通风方式

（三）正确摆放设备

各种设备是作业的重要工具，由于其占地面积较大，所以必须合理布局，并摆放好。设备布局的操作要点有四点，如图 5-8 所示。

```
要点一 ▷ 工艺设备的平面布置，除满足工艺要求外，还需要符合安全和卫生规定

要点二 ▷ 有害物质的发生源应布置在机械通风或自然通风的下风侧

要点三 ▷ 产生强烈噪声的设备（如通风设备、清理滚筒等），如不能采取措施降噪，
         应将其布置在离主要生产区较远的地方

要点四 ▷ 布置大型设备时，应留有宽敞的通道和充足的出料空间，并应考虑操作时
         物料的摆放
```

图 5-8　设备布局的操作要点

（四）改善工作地面

工作地面即作业场所的地面，在进行现场布置时，必须保证地面整洁、防滑，具体的改善要点有四点，如图 5-9 所示。

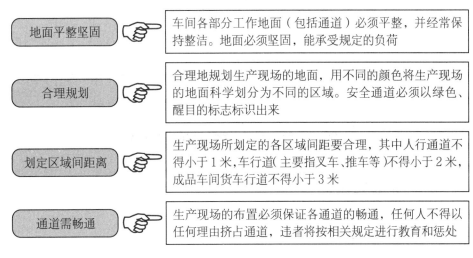

图 5-9　工作地面改善要点

（五）控制噪声传播

噪声是能够引起人烦躁的声音，甚至有些会因为音量过大而危害人体健康。控制噪声的传播应采取三点措施，如图5-10所示。

- **1** 生产中噪声排放比较大的机电、机器设备应尽量设置在离工作操纵点或人员集中点比较远的地方
- **2** 对于无法布置比较远的、排放噪声比较大的机电、机器设备，在生产中应安装隔音罩或设置隔音间，阻断噪声向外传播
- **3** 对有隔音间进行隔音的机电、机器设备，应做好隔音间的密封工作，随时关闭隔音门与隔音窗，确保将噪声与生产人员隔离开来

图5-10　控制噪声传播的措施

（六）控制现场温度环境

温度环境实际上包括了湿度和空气流动速度等因素，是在任何环境中都会遇到的问题。温度是工作现场最重要的条件之一，工作设施应该保持合适的温度。

最合适的温度应根据当地的气候条件、季节、工作类型和工作强度而定，同时要做好温湿度控制，控制监测工作应使用车间温湿度控制表。

在作业环境中，要具有良好的通风设备，保持适宜的温度、湿度和空气新鲜度，这样能使人感到舒适。对于一般强度的坐姿工作，在20～25℃时作业人员的生产效率最高。如果达不到合适的温度，作业人员的生产效率就会下降。

讲师提醒　有条件的单位要做好隔热和防寒的措施，采取适当方式以减小外部热空气和冷空气侵入对生产环境造成的不利影响。

第二节　生产进度控制

一、生产进度全程控制方法

（一）投入进度控制

为防止不按计划生产和积压产品现象的产生，保证在产品正常流转，确保生产的均

衡性和成套性，企业应对生产投入进度进行控制。

1. 投入进度控制的内容

投入进度包括产品开始投入的日期、品种是否符合计划要求，同时还包括各种原材料、零部件是否按提前期标准投入，设备、劳动力、技术组织措施项目是否按计划日期投入等。

2. 不同生产类型的投入进度控制

不同生产类型的投入进度控制如图 5-11 所示。

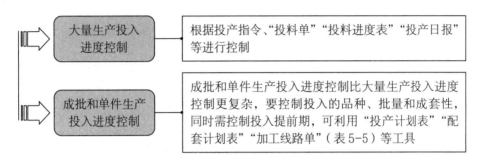

图 5-11　不同生产类型的投入进度控制

表 5-5　加工线路单

日期：　　年　月　日　单号：

产品型号		件数	名称	图号		材料	
						材质	规格

工序		工序内容	工作者	工时定额单件	交检件数	检查结果				责任者	日期	检验签章
序号	名称					合格	回用	工废		料废			
								自	非				
1													
2													
3													
4													
5													
6													
7													
入库日期		20　年　月　日		入库件数		收件人				备注			

(二) 出产进度控制

出产进度控制是指对产品（或零部件）的出产日期、出产提前期、出产量、出产均衡性和成套性控制。

不同生产类型出产进度的控制要领如表5-6所示。

表5-6 不同生产类型出产进度的控制要领

序号	类型	控制要领
1	大量生产	（1）主要用"生产日报"（班组的生产记录、班组和车间的生产统计日报等）与"出产日历进度计划表"进行比较，控制每日出产进度、累计出产进度和一定时间内的生产均衡程度 （2）在大量生产条件下，投入和出产的控制分不开，计划与实际、投入与出产均反映在同一张"投入、出产日历进度表"上，其既是计划表，又是核算表和投入、出产进度控制表 （3）对生产均衡程度的控制，主要利用年均衡率、月均衡率和旬均衡率等数据指标
2	成批生产	（1）主要是根据零部件标准生产计划、出产提前期、"零部件日历进度表""零部件成套进度表"和"成批出产日历装配进度表"等来进行控制 （2）对零部件成批出产日期和出产前期的控制，可直接利用"月度生产作业计划表"，只要在月度作业计划的"实际栏"中逐日填写完成的数量，就可清楚地看出实际产量与计划产量及计划进度的比较情况 （3）在成批生产条件下，对零部件出产成套性的控制，可直接利用月度生产作业计划，对零部件的出产日期和出产提前期进行控制
3	单件小批生产	根据各项订货合同所规定的交货期进行控制，通常是直接利用作业计划图表，在计划进度线下用不同颜色的笔画上实际的进度线即可

(三) 工序进度控制

工序进度控制是指对产品生产各道工序的进度进行控制。

1. 按"加工路线单"经过的工序顺序进行控制

由车间、班组将"加工路线单"进行登记后，按"加工路线单"的工序进度及时派工，遇到某工序加工迟缓时，要立即查明原因，采取措施解决问题，以保证按时、按工序顺序加工。

2. 按单工序工票（工序票）进行控制

按零部件加工顺序的每一工序开票交给操作工进行加工，完成后将工序票交回，再派工时又开一张工序票通知加工，用此办法进行控制。

3. 跨车间工序进度控制

对于零部件跨车间加工，需加强跨车间工序的进度控制，控制的主要方法是明确协作车间分工及交付时间，由零部件加工主要车间负责到底。

（1）主要车间要建立健全零件台账，及时登记进账，按加工顺序派工生产。

（2）协作车间要认真填写"协作单"，并将协作单号及加工工序、送出时间一一标注在"加工路线单"上，待外协加工完毕，将"协作单"连同零件送回时，主要车间要在"协作单"上签收，双方各留一联作为记账的原始凭证。

（四）在制品管理

1. 在制品控制范围

在制品控制范围包括在制品占用量的实物和信息形成的全过程，具体如下。

（1）原材料投入生产的实物与账目控制。

（2）在制品加工、检验、运送和储存的实物与账目控制。

（3）在制品流转交接的实物与账目控制。

（4）在制品出产期和投入期的控制。

2. 在制品控制方法

在制品控制方法主要取决于生产类型和生产组织形式，如图5-12所示。

大量生产时	成批和单件生产时
对在制品占用量的控制，主要采用"轮班任务报告单"，结合生产原始凭证或台账进行，也就是以各工作地每一轮班在制品的实际占用量与规定的定额进行比较，使在制品的流转和储备量经常保持正常占用水平	采用"加工线路单"来控制在制品的流转，并通过在制品台账来掌握在制品占用量的变化情况，检查是否符合原定控制标准。如发现偏差，要及时采取措施，组织调节，使它被控制在允许的范围之内

图 5-12 不同生产类型在制品的控制方法

二、生产进度落后改善

生产进度是生产工作中经常遇到的问题，一旦发生生产进度落后的情况，企业要及时进行改善，确保生产工作顺利进行。

（一）生产进度落后分析

通过生产进度管理箱，现场主管人员可以了解生产进度是否落后。如果进度落后，应对落后原因进行分析。落后原因从待料、订单更改、效率低、人力不足、设备故障等方面去分析。

（二）事前防范

事前防范是指合理安排工作日程。在安排工作日程时，要充分考虑以下因素，如图5-13所示。

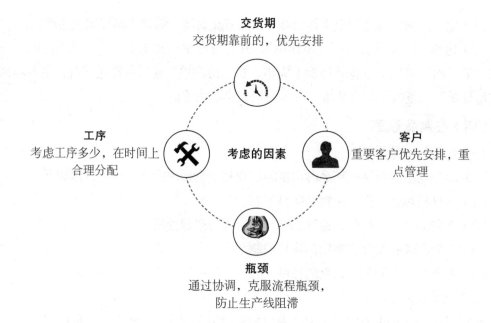

图 5-13　事前防范要考虑的因素

（三）事中改进措施

针对生产进度落后分析原因，制定相应的解决措施，具体如图 5-14 所示。

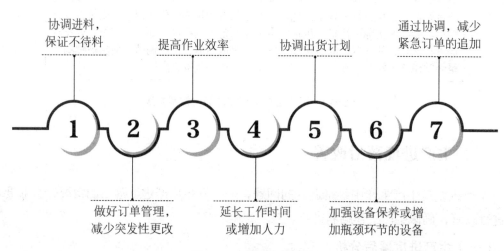

图 5-14　事中改进措施

（四）缩短作业更换时间

精益生产的理想状态是工件在各工序间一件一件生产、一件一件往下道工序传递，直至总装配线，即单件生产单件运送。这在装配线上以及加工工序中是比较容易实现的，但在铸造、锻造、冲压等工序中，就不得不以批量进行。为了实现全部生产过程的同步化，就需要根据这些工序的特点，使批量尽量缩小，但这样一来，作业更换就会变得很频繁。因此，在这些工序中，作业更换时间的缩短就成了改善生产进度落后的关键因素。

作业更换时间由如图5-15所示的三部分组成。

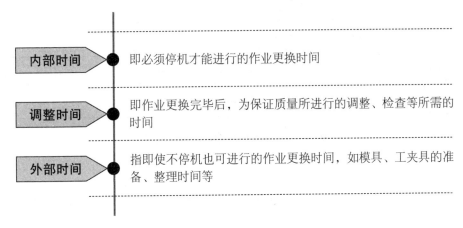

图5-15　作业更换时间的组成

作业更换时间的缩短，可以主要依靠改善作业方法、改善工夹具、提高作业人员的作业更换速度以及开发小型、简易设备等方法。

作业更换时间的缩短所带来的生产批量的缩小，不仅可以使工序间的在制品储存量减少，使生产周期缩短，而且对降低资金占用率、节省保管空间，降低成本，减少次品都有很大的作用。

三、生产异常的处理

企业在生产过程中，难免有异常状况发生，异常的发生直接影响生产任务的完成，影响订单的交货期，因而，生产经理对生产异常的种类及各种排除方法应做到心中有数，能适当、适时采取相应对策，以确保生产任务的完成，满足客户交货期的要求。

（一）异常种类

生产异常是指造成生产现场停工或生产进度延迟的情形，由此造成的无效工时，也可称为异常工时。生产异常有以下几种。

1. 生产计划异常

生产计划异常指因生产计划临时变更或安排失误等导致的异常，其排除措施如图5-16所示。

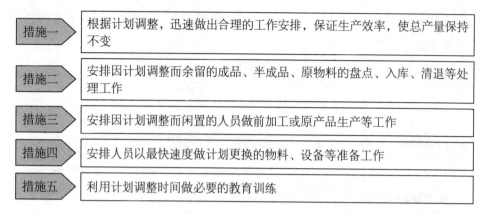

图 5-16 生产计划异常的排除措施

2. 设备异常

设备异常指因设备、工装不足或故障等原因而导致的异常，其排除措施如图 5-17 所示。

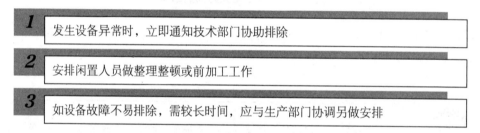

图 5-17 设备异常的排除措施

3. 水电异常

水电异常指因水、气、电等原因而导致的异常，其排除措施如图 5-18 所示。

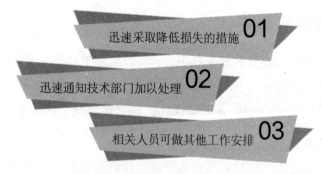

图 5-18 水电异常的排除措施

4. 设计工艺异常

设计工艺异常指因产品设计或其他技术问题而导致的异常，或称机种异常，其排除要点如图 5-19 所示。

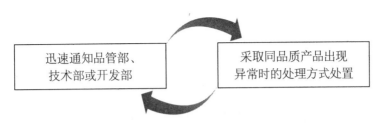

图 5-19　设计工艺异常的排除要点

5.品质异常

品质异常指因制作过程中出现了品质问题而导致的异常，也称制程异常，其排除措施如图 5-20 所示。

01	异常发生时，迅速用警示灯、电话或其他方式通知品管部及相关部门
02	协助品管部、相关责任部门一起研讨对策
03	配合临时对策的实施，以确保生产任务的完成
04	对策实施前，可安排闲置人员做前加工或整理整顿工作
05	异常确定暂时无法排除时，应与生产部门协调做生产变更

图 5-20　品质异常的排除措施

6.物料异常

物料异常指因物料供应不及时（断料）、物料品质问题等导致的异常，其排除要点如图 5-21 所示。

要点一	接到生产计划后，应立即确认物料状况，查验有无短缺
要点二	随时进行各种物料的信息掌控，反馈给相关部门以避免异常的发生
要点三	物料即将告缺前 30 分钟，用警示灯、电话或书面形式将物料信息反馈给采购、资材、生产部门
要点四	物料告缺前 10 分钟确认物料何时可以续上
要点五	如物料属短暂断料，可安排闲置人员做前加工、整理整顿或其他零星工作
要点六	如物料断料时间较长，可安排人员做教育训练，或与生产部协调做计划变更，安排生产其他产品

图 5-21　物料异常的排除要点

(二)生产异常处理

发生生产异常,即有异常工时产生,时间在10分钟以上时,应填写"异常报告单",如表5-7所示,并按生产异常处理办法进行处理。

表5-7 异常报告单

生产批号		生产产品		异常发生单位	
发生日期		起讫时间	自 时 分至 时 分		
异常描述				异常数量	
停工人数		影响度		异常工时	
紧急对策					
填表单位		主管:	审核:	填表:	
责任单位分析对策					
责任单位		主管:	审核:	填表:	
会签					

(三)异常责任处理

异常责任处理措施如图5-22所示。

措施一 企业内部责任列入部门工作考核

企业内部责任单位因作业疏忽而导致的异常,列入该部门工作考核,根据企业奖惩规定对责任人员予以处理

措施二 供应商的责任列入供应商评鉴

供应商的责任除考查采购部门或相关内部责任部门外,列入供应商评鉴,必要时应按损失工时向厂商索赔

措施三 生产部、制造部统计分析异常工时

生产部、制造部均应对异常工时进行统计分析,在每月经营会议上提出分析说明,以检讨改进

图5-22 异常责任处理措施

四、交货期的控制

（一）尽量缩短交货期

为了尽量满足交货期，可以采取如图5-23所示的方法，缩短交货期，以便协调好不同订单的生产。

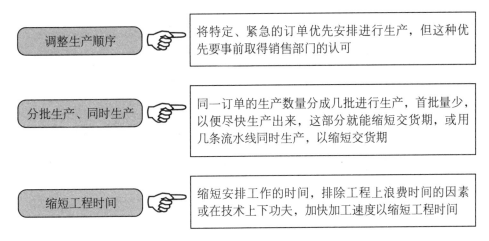

图5-23 缩短交货期的方法

（二）处理交货期变更

如果订单客户由于特殊原因要更改交货期，现场主管要及时与作业人员沟通，并采取措施及时调整生产（图5-24），尽量保证交货期。

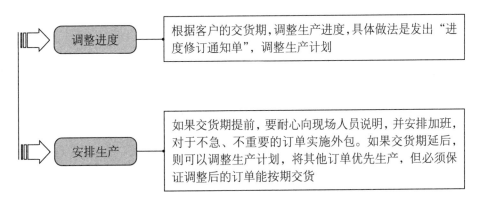

图5-24 处理交货期变更的措施

（三）怎样处理交货期延误

交货期延误并非仅仅是生产的原因，采购、产品品质、物料等方面的原因也可能导致产品生产延误，影响交货期。对已经延误交货期的订单应采取如图5-25所示的补救方法。

1	在知道要误期时，先与不急的订单对换生产日期
2	延长作业时间（加班、休息日上班、两班制、三班制）
3	分批生产，被分出来的部分就能挽回延误的时间
4	同时使用多条流水线生产
5	请求销售、后勤等其他部门的支援，这样等于增加了作业时间
6	外包给其他企业生产一部分

图 5-25　交货期延误的补救方法

第六章
精益生产之
品质管理

情景导入

杨老师:"品质就是企业的生命。相信大家都很熟悉这句话。对一个企业来说,产品品质非常重要,它不仅关系到企业形象及产品形象,而且直接影响着企业的销售市场和经济效益。大家对品质有什么认识呢?给大家分享一下自己的想法吧!"

这时台下学员纷纷举手。

杨老师:"看来大家都有话说。我就随便叫两位分享吧。"杨老师看了一圈,说:"第四排的小李来说一下吧,我看你有特别强烈的表达欲望。"

小李有点不好意思,站起来说:"我觉得企业的品质规划非常重要,质量方针、质量目标一定要明确,品管人员也要配备,各种品质管理文件也要设计齐全,当然,品质检验标准也要制定好,这样才能使全公司上下都有目标、有方向、有行动指南、有细节可遵循。"

"说得太好了。下一位请坐在倒数第二排戴眼镜的男士分享一下你的看法。"杨老师一边夸赞着小李,一边点名下一位分享的人。

戴眼镜的男士站了起来,滔滔不绝:"我认为在产品生产的各个环节都要抓质量,而不能等着品管部来检查。实际上,我们在生产过程中常会忽略产品质量。我公司生产的一个产品,其中的两个部件是一个包住另一个。有一次因机器问题,一百多个内部部件边缘出现一点划痕。当时车间负责人认为没有关系,理由有二,一是这样的划痕不影响使用寿命,二是被包在里边,看不见,不影响外观。于是负责人决定直接生产。后来交货后,客户抽检发现了问题表示不接受,导致退货。其实这个问题有很多解决办法,比如先请示客户这个划痕是否可以接受,毕竟不影响使用,如果不接受,及时找到问题,生产出完好的部件也不会影响交期,不会影响信誉。但是因为一个不在意,给客户的感觉非常不好。"

杨老师:"是的。你说的这个案例也给我们启示,在生产过程中发现质量问题,不能轻视,不能自以为是地认为客户能够接受。而应及时反馈,问个为什么,及时找到质量问题的解决办法,从而避免很多损失。从这个案例也可以看出,这位戴眼镜男士公司的车间负责人对品质没有精益求精的想法。这节课我们就一起学习精益生产如何做好品质管理。"

第一节 品质管理规划

一、制定品质方针

品质方针是由企业最高管理者正式发布的总的品质宗旨和方向,它是管理者对品质的指导思想和承诺。

(一)品质方针的制定准则

品质方针在内容上应做到四点,如图6-1所示。

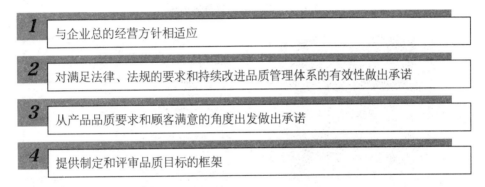

图6-1 品质方针的制定准则

(二)品质方针的制定程序

品质方针的制定程序如图6-2所示。

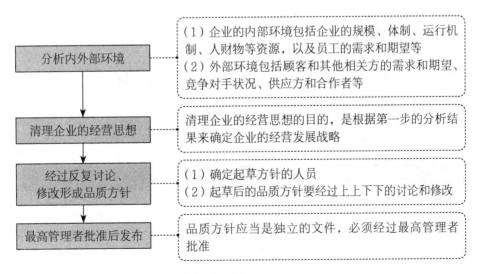

图6-2 品质方针的制定程序

（三）品质方针的具体内容

品质方针的具体内容如图 6-3、图 6-4 所示。

内容一	标题。例如，××公司品质方针
内容二	品质方针的核心内容。品质方针应包括最高管理者对品质的承诺。为了使员工容易理解，便于记忆，可以将上述内容编成顺口溜，但不要让过分简化的顺口溜来代替品质方针
内容三	实施品质方针的措施。这些措施可以是宏观的、原则性的，但是必不可少的
内容四	最高管理者签名及公布实施日期。品质方针要经最高管理者签署后才能生效，因此，必须有最高管理者的签名及公布实施日期

图 6-3　品质方针的具体内容

图 6-4　以看板的形式展示质量方针，且通俗易懂

二、制定品质目标

品质目标是在品质方面所追求的目标，通常依据品质方针制定。

（一）品质目标的类别

品质目标依据不同的分类标准有不同的内容，如图 6-5 所示。

按时间分类	按层次分类	按项目分类
·中长期品质目标 ·年度品质目标 ·短期品质目标	·企业品质目标 ·部门品质目标 ·班组品质目标 ·个人品质目标	·企业的总品质目标 ·项目品质目标 ·课题品质目标

图 6-5　品质目标分类

（二）品质目标的要求

品质目标的要求包括四个方面，具体如图 6-6 所示。

要求一	品质目标应建立在品质方针的基础上，应在品质方针给定的框架内展开。品质目标既要有先进性，又要有实施的可行性
要求二	品质目标应是可测量的
要求三	品质目标内容上包括产品要求，满足产品要求所需的内容，可涉及满足产品要求所需的资源、过程、文件和活动等
要求四	品质目标应展开到有关的职能部门及层次上。至于展开到哪一层次，应以能传达到相关人员并能转化为各自的工作任务为度，不一定要展开到每个岗位

图 6-6　品质目标的要求

企业不仅要制定自己的品质目标，还应为一些主要供应商建立品质目标，以提高供应商的管理水平，提高供货品质。

（三）品质目标的制定步骤

1. 找出问题点

问题点就是为实现品质方针和品质目标必须解决的重要问题，包括不合格、缺陷、不足、与先进的差距等。

问题点的来源如图 6-7 所示。

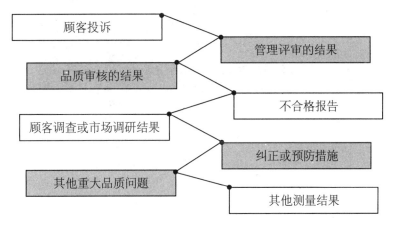

图 6-7　问题点的来源

2. 根据问题点制定品质目标

根据整理并列入制定品质目标的问题点,提出具体的品质目标。根据问题点确定的品质目标往往具体、有针对性,而且又有一定的挑战性,实施起来比较容易。

> 品质目标确定之后,还可以进一步细化成各部门、车间、班组和每位员工的具体奋斗目标。可以用看板的形式展示在工作场所,如图6-8和图6-9所示。

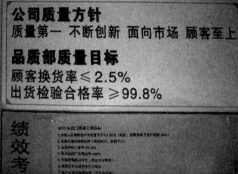

图6-8 质量方针与目标共同展示并且各部门也有自己的具体目标

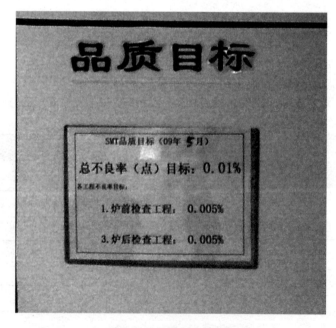

图6-9 品质目标看板

三、品管人员的配置管理

品质管理必须要由人来实施,要做好部门和人员的配置。如图6-10所示为企业的品质部组织架构看板。

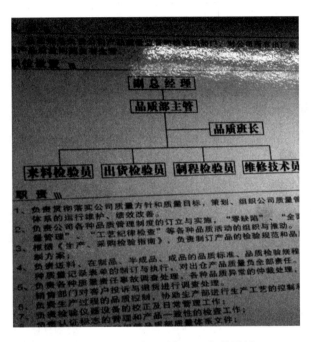

图 6-10　企业的品质部组织架构看板

(一)品管部门的架构

由于企业规模大小不一,因此品管部门的基本形态也有差异。

(1)较大企业的品管部组织架构如图6-11所示。

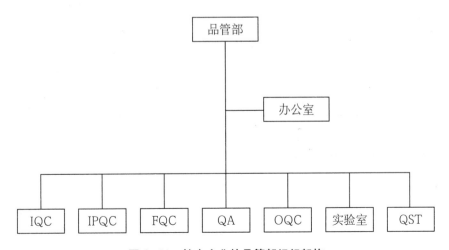

图 6-11　较大企业的品管部组织架构

（2）中小企业的品管部组织架构如图6-12所示。

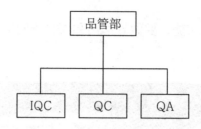

图6-12　中小企业的品管部组织架构

（二）人员的配置标准

虽然企业的组织架构有所不同，但一些基本的职位人员是必须设置的，如表6-1所示。

表6-1　品质部门的人员配置

序号	职务	人数	具体工作内容
1	品质主管	1人	负责品质规划、品质人员调配
2	品质标准（品质工程师）	1人	必须存在。负责产品品质标准的制定与日常品质稽核
3	品质统计	1人	必须存在。负责品质数据的统计与品质问题的分析
4	来料检验	不定，由企业来料数额决定	负责来料检验
5	成品检验	2~3人	负责成品检验，大部分采用抽检的形式
6	制程检验	不定，由企业调查规模决定	负责制程检验
7	产品化验员	2人为佳	负责企业物料的化验
8	产品认证	可由品质标准负责人兼职	负责产品认证
9	内审	可由品质标准负责人兼职	负责企业品质内审
10	计量员	可由品质标准负责人兼职	负责企业量规仪器管理

（三）明确品管人员的职责和权限

对所有的员工，企业都应明确其职责和权限。一般情况下，对部门和高级管理人员可以通过制定职责条例来明确其职责和权限；对一般员工，可以通过制定岗位职责来明确其职责和权限。企业的职责条例和岗位职责应当涵盖所有的员工。某公司质量管理职责说明见表6-2。

表 6-2 某公司质量管理职责说明

部门或岗位	职责
品质部	（1）进货检验：负责执行进货检验工作，记录检验情况，标识产品检验与测试状况，不合格品的标识和记录，描述异常现象，提出纠正和预防措施要求书，建议解决方法及希望解决的期限，质量记录分类、归档、保存和记录销毁，统计资料的分析、整理 （2）过程检验：负责执行首件检验，执行巡回检验，执行工序检验，记录检验情况，标识产品检验与测试状况，不合格品的标识和记录，过程产品质量异常反馈，质量记录分类、归档、保存和记录销毁 （3）最终检验：负责产品最终检验，成品性能测试，记录检验情况，标识产品检验与测试状况，不合格品的标识及记录，描述异常现象，提出纠正和预防措施要求书，建议解决单位及希望解决的期限，质量记录分类、归档、保存与记录销毁
品质经理岗	（1）发起品质策划 （2）建立、健全品质控制体系 （3）品质仲裁 （4）合约的品质确认 （5）鉴定公司品质执行效果 （6）领导品质稽核 （7）督导所属职能人员工作
品质稽核岗	（1）核查品质运作体系、规范 （2）调查与分析客户抱怨的原因 （3）跟踪、反馈改善措施 （4）对所有品质问题进行分析 （5）对每日品质信息进行统计分析 （6）执行品质改进计划
品质工程师岗	（1）对制程品质控制能力进行分析并予以改良 （2）参与新产品的开发与试制，制订新产品品质计划 （3）制定进料、在制品、成品品质检测规范 （4）品管手法与统计技术的设计与督导执行 （5）辅导协力厂 （6）研究品质异常 （7）制作品检样品 （8）对客户抱怨的品质原因进行调查、分析、改善 （9）量规、检验仪器的校正与控制
品检主管岗	（1）制订品检计划 （2）设计品检体系及拟订表单、程序 （3）签署品质鉴定与判定意见 （4）协助品质部经理完成在生产中控制品质的职能 （5）保存工序检验的检查、测试报告 （6）分析工序检验的每日、每周、每月报告

续表

部门或岗位	职责
品检主管岗	（7）在工序检验中发现的不合格项得到纠正之前，控制不合格品的转序 （8）对所属人员工作进行督导、评价 （9）向品质部经理提出有关方法，控制工序检验中发现的不合格现象以避免重复发生
品质统计岗	（1）汇集、汇总、分析品质资料 （2）编制品质报告 （3）汇集、归档部门文件 （4）设计品质控制图 （5）对品质成本进行分析 （6）对品质统计技术进行研究、执行
进料检验岗	（1）执行公司进料检验 （2）识别和记录进料品质问题，拒收进料中的不合格材料 （3）通过再检验证纠正措施的实施效果 （4）质管部相关工作的配合 （5）管理检验仪器
制程检验岗	（1）执行公司生产线巡回检验 （2）识别和记录产品品质问题 （3）拒收生产中检查出的不合格品 （4）对制程中问题点进行研究与分析 （5）管理检验仪器 （6）品质部相关工作的配合
装配检验岗	（1）装配制程巡回检验及异常品质事故的原因追查 （2）抽查装配领用库存成品及鉴定品质 （3）对制程品质控制能力进行分析与控制 （4）对现场作业（操作）规范提出修正意见与建议 （5）研究与分析制程过程问题点 （6）记录品质状况
出货检验岗	（1）执行公司出货检验程序 （2）识别和记录成品品质问题 （3）管理检验仪器 （4）拒收不合格的成品 （5）通过再检验证纠正措施的实施效果 （6）放行检查合格的成品

四、充实品质管理文件

为了有效实施品质管理，必须准备各种文件（管理工具），并切实地运用它们。

(一)品质管理文件的种类

常见的品质管理文件如表6-3所示。

表6-3 常见的品质管理文件

序号	类型	内容
1	规格	材料规格、零件规格、半成品规格、制品规格、使用机制装置规格、使用工具规格、使用量测器规格、使用辅助材料的规格、制图规格等
2	标准类	品质标准书、设计标准书、作业标准书、作业指导书、技术标准书、工程管理标准书、检查作业标准书等
3	规定类	组织规定、品质会议规定、技术会议规定、品管委员会规定、新制品委员会规定
4	手续类	研究管理手续、不良品处理手续、客户投诉处理手续、品质信息手续等
5	记录、报告等文件类	品质管理工程图、解析计划书、客户投诉受理单、客户投诉调查处理月报表等

(二)品质管理文件应具备的条件

(1)责任与权限必须明确。

(2)适用范围必须明确。

(3)不增加工作量。

(4)不降低工作速度。

(5)能正确解决问题。

(6)简明扼要(最好能以流程图来表示)。

(7)表单、文件的形式,以及文件的发行运作方式、内容、传送路线必须明了。

(8)设定试行期间并找出试行期间的未完备点,以便于正式规定的参考、设定。

(9)得以经常更改。

(10)必须有判定异常的基准与针对特殊情况的规定。

(三)文件配备的注意事项

在进行品质文件配备时要注意的事项如表6-4所示。

表6-4 在进行品质文件配备时要注意的事项

序号	考虑事项	要求	结果
1	品质管理的所有阶段是否都具备标准化文件	品质的设计、作业、抽样、测定、异常值的判断、发生异常现象的原因的探究,乃至去除异常因素等工程管理的各阶段,及原料的购入、入库、保管、出库,生产计划的决定,检查,不良品的处理,成品的输送、销售、调查服务等由公司外至公司内的各种企划、设计、生产、供给、服务业务等一切都有标准化的文件	

续表

序号	考虑事项	要求	结果
2	标准化文件是否具备必要条件	文件所应具备的条件有： (1) 能指示具体行动的标准； (2) 不会有任意裁断的情形； (3) 不会因人而产生不同的解释； (4) 切合实际； (5) 能针对不良或突发情形做事先防范； (6) 能指示对异常情况的处置方法； (7) 以书面表示	
3	文件是否合理并具客观性	文件具有客观性，并非只以过去的经验或主观来拟订，而是根据对以往资料的解析来决定	
4	文件与每日的指示命令的关系如何	文件或许不能对任何事都加以规定，但目前所规定的部分必须以指示命令来表示，并且指示命令不能违反文件规定	
5	如何进行例外处理、异常处理及变更时的处理	对于日常的业务可以不要文件。真正需要文件的是例外、异常及变更等事项。对这些情况的处置必须逐渐走向文件化才行	
6	标准与企业的关系如何	标准必须是指示企业中的各部门具体行动的基准，即明确责任与权限的文件就是标准	
7	规定是否简单易懂	以条文的方式记载，或以流程图来表示	
8	是否进行规定、标准等文件的教育	应进行文件使用、执行的教育	
9	规定、标准文件的管理是否充分	规定、标准不可能从一开始就是完整的，它必须随着时日有所变更，因此必须进行核查及修订	
10	修订工作是否依照手续进行	应有相关手续，并依此执行	
11	新制品的品质标准与作业标准是否明确	应在新制品批量投产前制成品质标准与作业标准	
12	关于方针管理、机能管理	应予配备相关规定、手册	
13	对标准化及规定化的效果是否进行调查	应定期、不定期地调查，并在相关文件中予以规定	

五、制定品质检验标准

检验标准是指与检验作业有关的文件，规定及指明检验作业的要求，目的在于减少检验作业中的疏漏和处理上的混乱。

（一）检验标准分类

检验标准分为如图 6-13 所示两类。

厂内生产用	厂外验收用
此类比较简单，单工序的检验可合并于作业标准书内注明，着重在于制程中的线上所设置的检验站。此类检验通常采用全数检验较多。检验标准强调检验项目、规格、检验方法。在进入成品仓前，有些产品还需做可靠度的环境试验（抽检）	例如，来自厂外的购买料或托外加工的半成品、托外生产的产品，此类牵涉到要求事项、比较标准、权利与义务等，所以必须有较完整的条款，并在合同签订时予以列入，避免以后交货时发生争议。此类通常采用抽样检验，包含验收水准、检验项目、检验方法、量测具的标准、包装标准等内容

图 6-13　检验标准分类

（二）检验标准的制定方法

（1）明确制定检验标准的目的，使检验人员有所依据，了解如何进行检验工作，以确保产品质量。

（2）列明检验标准内容。检验标准的内容见表 6-5 所列。

表 6-5　检验标准的内容

项目	标准内容
适用范围	列明适用于何种进料（含加工品）或成品的检验
检验项目	将实行检验时应检验的项目一一列出
质量基准	明确规定各检验项目的质量基准，作为检验时判定的依据。如无法以文字述明，则用限度样本来表示
检验方法	说明各检验项目的检验方式，如采用检验仪器量规检验、以感官（例如目视）检查。某些检验项目须委托其他机构代为检验的，也应注明
抽样计划	采用何种抽样计划表（例如，计数值用 MIL-SID-105D，计量值用 MIL-STD-414）
取样方法	抽取样本，必须由群体批中无偏倚地随机抽取，可利用乱数表来取样，若群体批各制品无法编号，则取样时，必须从群体批任何部位平均抽取样本，如闭起眼睛取样
群体批经过检验后的处置	（1）属进料（含加工品）者，则依进料检验规定的有关要点办理（如是合格批，则通知仓储人员办理入库手续；如是不合格批，则将检验情况通知采购单位，由其根据实际情况决定是否需要特采） （2）属成品者，则依照成品质量管理作业办法有关要点办理（合格批则入库或出货，不合格批则退回生产单位检修）

续表

项目	标准内容
其他应注意的事项	（1）如检验时必须按特定的检验顺序来检验各检验项目时，必须将检验顺序列明 （2）必要时可将制品的蓝图或略图置于检验标准中 （3）详细记录检验情况 （4）检验时于样本中发现的不良品，以及于群体批次中偶然发现的不良品均应与良品交换 （5）其他

（3）有关检验标准的制定与修正，由工程单位和质量管理单位制定。

（三）品质标准制定

1. 制定要求

产品品质标准首先要建立在客户认同的基础上，然后根据公司实际生产条件而定。一个适度的品质标准，可略高于公司现行条件达到的水平，但不宜过高，以免浪费资源。同时，所制定的标准必须有客观依据，必要时可采取破坏性试验取得标准数据。

2. 基本内容

（1）产品品质检测文件，包括产品名称、规格及图示、检测方法、条件、检测设备及工具，品质合格评定标准等。

（2）产品实物样板。

（3）产品质量符合性，包括化学的、物理的技术指标和参数。

（四）物料品质（检测）标准制定

（1）物料品质的含义。物料品质是指物料成分、尺寸、外观、强度、黏度、颜色等品质特性。物料品质特性可分为物理的、化学的、外观的品质特性。对上述特性，无论能否测定，都要尽可能明了地表达出来，它是物料验收的依据及产品品质保证的基础。若由于物料的基本特性或其他原因无法用文字表述时，应以实物样品来表示。

（2）物料品质标准的适度性。物料品质标准的严格程度，是依据产品品质对物料品质的要求而定的。品质部门在制定物料品质标准时，应参考技术部、采购部、生产部的意见综合而定。一般而言，一个良好的物料品质标准既能保证生产需求，降低生产成本；又能使供应商在现阶段接受或经过一段时期的努力能够达成要求的水准。

（3）物料品质标准的基本内容包括物料品质（检验）标准表、实物样品等。

（五）品管检验作业标准

品质检验作业标准，是规定和指导品检工作的书面文件，它明确规定品质控制工作的职责、权限及作业方法，其内容包括如图6-14所示的两方面。

> 检验/作业指导书
>
> 品管作业指导书与生产作业指导书一样,是品管人员进行岗位操作的指导性文件,以保证品管人员的作业方法按规定执行

> 品管程序文件
>
> 品管作业指导书和品管程序文件的主要区别在于:前者是告诉品管人员"如何执行自己的岗位职责",后者则是明确相关工作的接口

图 6-14　品管检验作业标准的内容

为了加强品质控制力度,企业应制定如图 6-15 所示的程序文件。

- 进料检验程序
- 制程检验程序
- 半成品检验程序
- 装配制程检验程序
- 成品最终检验程序

- 出货检验程序
- 其他品管作业程序,如拣用程序、报废程序、退货程序、客户抱怨处理程序等

图 6-15　品管检验程序类别

第二节　生产品质管理关键

一、严格执行"三不原则"

不接受不合格品、不制造不合格品、不流出不合格品的"三不原则"是许多企业的品质方针、品质目标或宣传口号。因为"三不原则"是品质保证的原则,所以企业一定要严格实施。

(一)"三不原则"的基本要求

"三不原则"的基本要求如图 6-16 所示。

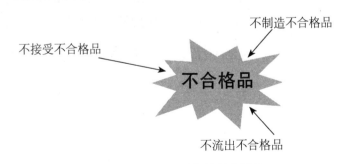

图 6-16　"三不原则"的基本要求

1. 不接受不合格品

不接受不合格品是指员工在生产加工之前，先对前道工序的产品按规定检查其是否合格，一旦发现问题则有权拒绝接受，并及时反馈到前道工序。前道工序人员需要马上停止加工，追查原因，采取措施，使品质问题得以及时发现、及时纠正，并避免不合格品的继续加工所造成的浪费。

2. 不制造不合格品

不制造不合格品是指接受前道的合格品后，在本岗位加工时严格执行作业规范，确保产品的加工品质。对作业前的检查、确认等准备工作做得充分到位；对作业中的过程状况随时留意，避免异常的发生或及早发现问题，降低产生不合格品的概率。准备充分并在过程中得到确认是不制造不合格品的关键。只有不产生不合格品，才能使不流出和不接受不合格品成为可能。

3. 不流出不合格品

不流出不合格品是指员工完成本工序加工后，需检查确认产品品质，一旦发现不合格品，必须及时停机，将不合格品在本道工序截下，保证在本工序内完成对不合格品的处置并采取防止措施。本道工序应确保传递的是合格产品，否则会被下道工序拒收。

（二）"三不原则"的实施要点

"三不原则"是生产现场品质保证的一个运行体系，表6-6列出了其基本实施要点。

表6-6 "三不原则"的实施要点

序号	实施要点	详细说明
1	谁制造谁负责	（1）每个人的品质责任从接受上道工序合格产品开始，必须确保本道工序的产品品质符合要求 （2）一旦在本道工序发现不合格品或接收到后道工序反馈的不合格品，该人员必须立即停止生产，调查原因，采取对策，对品质负责到底
2	谁制造谁检查	（1）产品的生产者，同时也是产品的检查者，通过检查，确认生产合格，才能确保合格产品流入下道工序 （2）通过自身检查，作业人员可以对本道工序加工产品的状态了解得更清楚
3	作业标准化	员工必须严格执行标准化作业，按照规定的操作步骤进行生产作业
4	全数检查	所有产品、所有工序无论采取什么形式都必须由操作者实施全数检查

续表

序号	实施要点	详细说明
5	不合格品的处理	（1）在工序内一旦发现不合格品，操作者有权也有责任立即停止生产，并针对产生不合格品的人、机、料、法、环、测等现场要素及时确认，调查原因并及时处理 （2）设置不合格品看板或不合格品区域，使管理人员都知道，让大家一起认真分析对策，并改进作业标准
6	防错	科学合理地设计使用防错装置，如信号灯等，做好预防，减少各种差异变动，把品质控制在允许的范围内

二、全员参与品质管理

生产作业过程中每个环节和员工的工作都会对产品品质有影响。因此必须把企业所有人员的积极性和创造性充分调动起来，不断提高人员的素质，全员参与品质管理，确保产品品质。

（一）全员把关

全面品质管理要求每一个人都对产品品质负责，及时发现品质问题，在问题出现的萌芽阶段解决。生产线上的每位员工都有责任及时发现品质问题并寻找其根源，不让任何有品质缺陷的加工件进入下道工序。

也就是说，在全面品质管理中，与强调通过检验员严把品质关相比，更强调全员把关，即每一位员工保证不让任何有品质缺陷的加工件进入下道工序。

（二）制定品质奖惩制度

企业要求全员参与品质管理，必须不断地对全体人员进行品质教育，使他们认识到品质管理的重要性，消除"品质与我无关"的错误观点。同时制定品质奖惩制度。

（三）将品质与绩效挂钩

许多现场作业人员总觉得品质是品管部门的事，好像与自己和生产部门没有关系，其实，品质是制造出来的，为了让现场的作业人员真正地把品质放在心上，企业有必要将品质与绩效挂钩，通俗地讲，也就是工资与品质挂钩。

三、监督产品检验

为了保证产品品质，必须根据技术标准，对原材料、在制品、半成品、成品直至工艺过程的品质进行检验、严格把关。企业要组织好技术检验工作，尤其是加强首件检验和推行"三检制"。

(一)加强首件检验

首件是指制造单位各制作过程加工生产的产品,经自我调试确认,判定符合要求后,拟进行批量生产前的第一个(台)产品(半成品、成品)。

首件检验是在生产开始时(上班或换班)或工序因素调整后(换人、换料、换活、换工装、调整设备等)对制造的第一件或前几件产品进行的检验。

首件一定要检验,以便尽早发现制作过程中影响产品品质的系统因素,防止产品成批报废。首件检验要注意责任人、检验时机与检验要求,如图6-17所示。

责任人:首件检验由操作者、检验员共同进行。操作者首先进行自检,合格后送检验员专检

检验时机:
(1)新产品第一次批量生产时的首件产品
(2)每个制造命令(订单)开始生产的首件产品

(1)检验员按规定在检验合格的首件上做出标志,并保留至该批产品完工
(2)首件未经检验合格,不得继续加工或作业
(3)首件检验必须及时,以免造成浪费

图6-17 首件检验注意事项

首件检验后要保留必要的记录,如填写"首件检验记录",如表6-7所示。

表6-7 首件检验记录

型号:_____   品质要求:_____级

序号	日期	制程	品质要求及相关规范	首检结果及改善状况	IPQA	QA组长	备注

说明:
(1)此表适用每款新料号QA首检记录。由QAE发出,从IQC流至FQA,最后由QA人员存档;
(2)每款料号投产,QA必须做好各制程首检,QA组长亲自过目,必要时外加QAE确认;
(3)每次首检不得少于3PNL,请密切关注定位性、工程性(设计不当)品质问题,如有不明,请及时咨询;
(4)必须依照MI核对工艺流程、修改要求及特殊要求(如周期形式、UL标志等);
(5)所有生产工具(钻孔首板、菲林、网版、治具)都必须经QA或QAE确认后方可生产

发出(QAE):   审核(主管):   核准(经理):

（二）推行"三检制"

"三检制"指的是操作者自检、员工之间互检和专职检验人员专检相结合的一种品质检验制度。检查人员要了解并掌握品质管理"三检制"的具体内容（图6-18），并要求各班组和检验员协调配合，做好检验工作。

自检就是操作者对自己加工的产品，根据工序品质技术标准自行检验。通过自检，操作者可以真正及时地了解自己加工产品的品质问题以及工序所处的品质状态，当出现问题时，可及时寻找原因并采取改进措施

互检就是作业人员之间相互检验。一般是指下道工序对上道工序流转过来的在制品进行抽检；同一工作地换班交接时的相互检验；班组长或品管员对本班组人员加工的产品进行抽检等

专检就是由专业检验人员进行的检验。专业检验人员熟悉产品技术标准和工艺知识，经验丰富，检验技能熟练，效率较高，所用检测仪器相对正规和精密，因此，专检的检验结果比较正确可靠

图6-18 "三检制"的具体内容

由于专业检验人员的职责约束，以及和受检对象的品质无直接利害关系，其检验过程和检验结果比较客观公正。所以，"三检制"必须以专业检验为主导。

四、开展品管圈活动

品管圈（又称为QCC，即quality control circles的缩写）是指同一工作现场的人员自动自发地就品质控制活动所组成的小组。这些小组作为企业品质控制活动的一环，在自我启发及相互启发的原则下，灵活运用各种统计方法，以全员参加的方式，不断地改善及管理自己工作现场的活动，就是品管圈活动。

（一）品管圈活动的目的

品管圈活动的目的如图6-19所示。

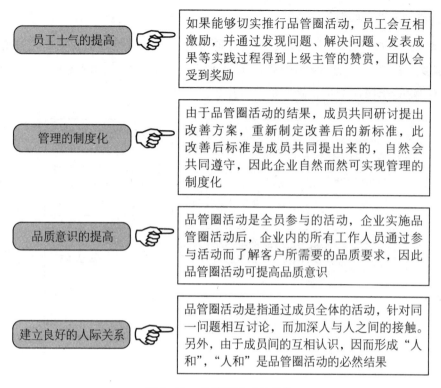

图 6-19　品管圈活动的目的

（二）品管圈活动的推行

品管圈活动推行要点如图 6-20 所示。

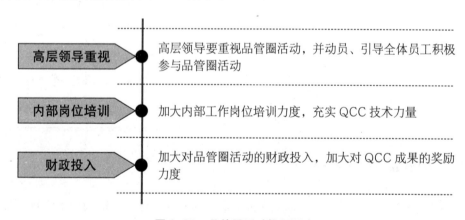

图 6-20　品管圈活动推行要点

（1）高层领导要重视品管圈活动，并动员、引导全体员工积极参与品管圈活动。

QC 源于基层，产生于班组，它是"在生产或工作岗位上从事各种劳动的员工，围绕企业的方针目标或现场存在的问题而组织起来开展活动"的小组，所以必须动员所有员工积极、热情地投入品管圈活动中去，而这一基本要素又必须是企业领导或主管人员有足够的重视程度。

（2）加大内部工作岗位培训力度，充实QCC技术力量。

"品质兴业"实质就是"人才兴业"，产品的品质就是企业员工素质的标志，因此员工的岗位再教育是现代化作业必不可少的有机组成部分，也是提高QCC品质的保证。因而落实岗位再教育的任务是现场管理者必负的责任，只有这样才能促进员工教育和企业发展的良性循环，才能增强QCC的技术力量。

（3）加大对品管圈活动的财政投入，加大对QCC成果的奖励力度。

品管圈活动的成果如果能给企业带来效益，而企业领导者又能给参与品管圈活动的人员以精神、物质奖励，就必定能调动员工的劳动热情和积极性，形成更良性的循环，创造出更高品质的成果。加大对QCC先进设备的添置，改善工作环境，增加技术智力投资，这样就更能使品管圈活动起到事半功倍的作用。

五、实施质量管理体系认证

在企业品质管理与控制中，质量管理体系认证是一项非常重要的措施。而对企业来说，最常见的质量管理体系认证是ISO 9001质量管理体系认证。

（一）认证的特点

认证有六大特点，如图6-21所示。

特点一	系统性。ISO 9001标准是一个系统性的标准，涉及的范围、内容广泛
特点二	强调管理层的介入。明确制定品质方针及目标，并通过定期的管理评审达到了解公司的内部体系运作情况、及时采取措施确保体系处于良好的运作状态的目的
特点三	强调纠正及预防措施。消除产生不合格或不合格的潜在原因，防止不合格的再次发生，从而降低成本
特点四	强调不断的审核及监督。达到对企业的管理及运作不断地修正及改良的目的
特点五	强调全体员工的参与及培训。确保员工的素质满足工作的要求，并使每一位员工有较强的品质意识
特点六	强调文化管理。以保证管理系统运行的正规性、连续性

图6-21 认证的特点

（二）认证的作用

认证有三个作用，如图6-22所示。

 要获得质量管理体系认证，企业就必须按照 ISO 9001 标准的要求建立质量管理体系，以提高质量管理水平

 获得质量管理体系认证证书，可以给企业带来良好的声誉，能得到行业管理部门的认可，并获得客户的信任

有利于开拓国际市场 实行质量管理体系认证是当今世界各国特别是工业发达国家的普遍做法。获得质量管理体系认证证书，能使企业得到世界各国的认可，有利于开拓国际市场

图6-22　认证的作用

（三）认证机构的选择

企业在建立品质管理和品质保证体系并正常运作之后，就可以考虑怎样向认证机构申请认证。在选择认证机构时，一定要综合考虑几个因素，如图6-23所示。

权威性 不管是中国境内还是境外的认证机构，都要有一定的知名度和权威性，它以第三者的身份对企业品质管理和品质保证的可靠性做出鉴定和证明

 如果产品基本上属中国国内销售，则不一定选择国外的认证机构，因为全世界的国际标准是一致的。对于外销产品，当需要选择国外认证机构时，可以选择本企业产品外销量大的国家（或地区）中有威望的认证机构，或在全世界都有威望的认证机构

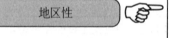 国际上各认证机构计算认证收费时，主要考虑评审员派到企业审核所需的薪酬、差旅费和管理费等

 ISO 9001 认证机构工作的独立性和公正性。为此，客户不能同所请的 ISO 9001 咨询顾问有任何利益关系

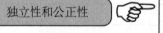 认证机构应具有相应的资格，有足够的经验，确保公正性，获得业内广泛的认可

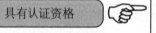 认证机构内的评审员对 ISO 9001 的内容要有一致的理解，不应存在明显的分歧

图6-23　选择认证机构考虑的因素

六、推行产品认证

产品认证是由第三方通过检验评定来确认企业的产品是否符合特定要求,并给予书面证明的程序。

世界大多数国家和地区都设立了自己的产品认证机构,使用不同的认证标志,来标明认证产品对相关标准的符合程度,如 UL 美国保险商实验室安全试验和鉴定认证、CE 欧盟安全认证和中国 CCC 强制性产品认证标志等。

(一)产品认证与质量管理体系认证的区别

产品认证与质量管理体系认证有着很大的区别,具体如图 6-24 所示。

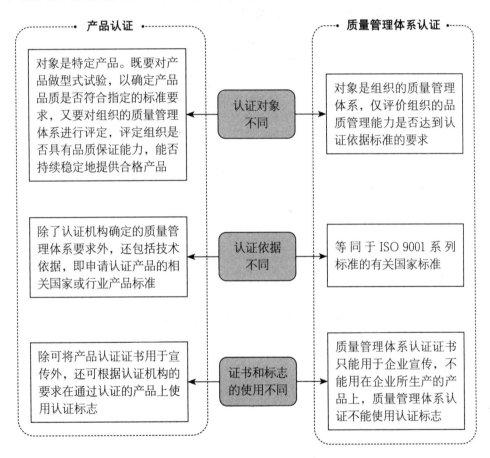

图 6-24 产品认证与质量管理体系认证的区别

(二)产品认证的类型

(1)按认证的国别不同,可分为国内产品认证和国外产品认证。

(2)按认证的种类,我国目前开展的产品认证可以分为:国家强制性产品认证和非强制性产品认证,具体如图 6-25 所示。

强制性产品认证	非强制性产品认证
它是通过制定强制性产品认证的产品目录和认证程序，对列入目录中的产品实施强制性的检测和审核。凡列入强制性产品认证目录内的产品，没有获得指定认证机构的认证证书，没有按规定加施认证标志，一律不得进口、不得出厂销售和在经营服务场所使用	非强制性产品认证是指对未列入国家认证目录产品的认证，是企业的一种自愿行为，又称为"自愿性产品认证"

图 6-25　产品认证的种类

（三）申请产品认证应符合的基本条件

申请产品认证应符合的基本条件如图 6-26 所示。

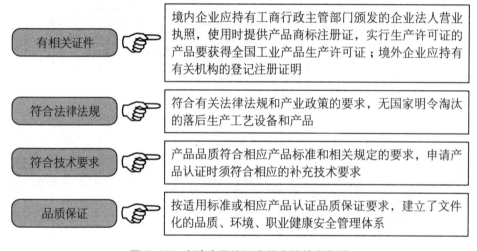

有相关证件	境内企业应持有工商行政主管部门颁发的企业法人营业执照，使用时提供产品商标注册证，实行生产许可证的产品要获得全国工业产品生产许可证；境外企业应持有有关机构的登记注册证明
符合法律法规	符合有关法律法规和产业政策的要求，无国家明令淘汰的落后生产工艺设备和产品
符合技术要求	产品品质符合相应产品标准和相关规定的要求，申请产品认证时须符合相应的补充技术要求
品质保证	按适用标准或相应产品认证品质保证要求，建立了文件化的品质、环境、职业健康安全管理体系

图 6-26　申请产品认证应符合的基本条件

（四）申请认证要提供的材料

申请组织应向认证机构提交一份正式的、其授权代表签署的申请书（申请书表单由认证机构提供），申请书或其附件应至少包括以下内容。

（1）申请认证的范围。

（2）申请企业同意遵守认证要求，提供评价所需要的信息。

（3）申请企业简况，如企业的性质、名称、地址、法律地位以及有关的人力和技术资源。

（4）有关品质、环境、职业健康安全管理体系及其活动的一般信息。

（5）对拟认证体系标准删减的说明或其他引用文件的说明。

（6）申请产品认证时，还应提供申请认证的产品、认证制度和每种产品认证所依据的标准。

第七章
精益生产之成本控制

情景导入

杨老师："我来考考大家，精益生产的核心是什么啊？大家记得吗？"

"消灭浪费！"学员们异口同声地说。

杨老师："看来大家学得都很好。我们说的消灭浪费其实也就是消灭成本的浪费。企业运行的各个方面都需要成本，而我们生产过程中时刻都可能存在着浪费。"

小张："以前我们有个工序是先用刮片后用棉签，员工操作时用完刮片放在台面上，拿起棉签擦拭，后来经过改进把棉签和刮片结合在一起，用完刮片可以直接用棉签，节省2秒钟，这就节省了成本。"

杨老师："是的。只要大家在工作中多观察多思考，很容易发现一些生产过程中容易忽视的浪费，也许是时间浪费，也许是人力浪费，也许是材料浪费。"

小李："杨老师，我觉得我在成本控制方面做得不好，但是又不知道该怎么改进。"

杨老师："没关系，这节课就是要系统地梳理一下生产成本的知识，然后结合生产实际来分析、控制生产成本的方法。其实大家不是不懂生产成本，只是大家的知识不够系统，没有成功运用到生产中，没有结合精益生产的管理理念来运用。"

小李："对呀。让我说一说成本的知识我也能说出来，但是让我在生产中随时去考虑成本问题，我就没办法了，我可能会及时考虑到交货期、考虑到合格率等，但是总会忽略成本问题。"

杨老师："相信这不只是小李同学的困惑，其他同学也有这样的问题。"

台下学员纷纷点头表示同意。

杨老师："那么经过这节课，相信大家的疑惑都能得到解答。"

第一节　生产成本与其控制程序

一、生产成本的定义

生产成本是指产品从原料的投入生产加工的转换，直至成品的产出这个过程中所花费的总费用，包括人工费用、物流费用、生产加工费用等，即

生产成本=人工费用+物流费用+生产加工费用+其他费用

企业生存的最基本条件是获取利润。产品价格中，一部分是成本，一部分是利润，而想不损失利润，又不能提高产品价格，只有降低成本。降低成本或控制成本支出既是企业本身可掌握的事，又是提高利润最稳健、踏实的做法。因此，在竞争激烈的今天，降低成本是相当重要的。

二、生产成本的构成

如果从生产的角度出发，生产成本可以包括原材料费、人工费、设备费与制造费，如图7-1所示。

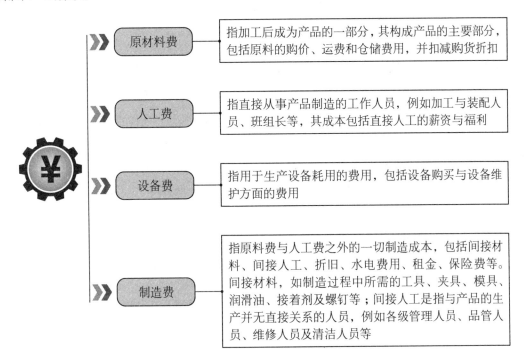

图7-1　生产成本的构成

三、生产成本控制基本程序

生产过程中的成本控制，就是在产品的制造过程中，对成本形成的各项因素，按照事先拟定的标准严格加以监督。发现偏差，就及时采取措施加以纠正，从而将生产过程中各项资源的消耗和费用开支，限制在标准规定的范围之内。

（一）制定成本标准

成本标准是成本控制的准绳。成本标准，包括成本计划中规定的各项指标。制定成本标准的方法如图 7-2 所示。

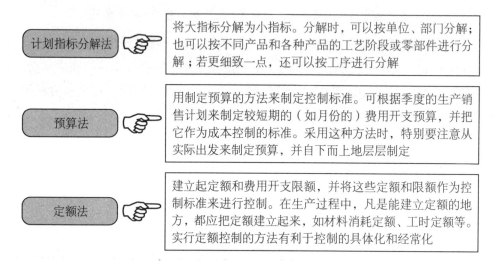

图 7-2　制定成本标准的方法

（二）监督成本的形成

监督成本的形成是指根据控制标准，对成本形成的各个项目经常进行检查、评比和监督。不仅要检查指标本身的执行情况，而且要检查和监督影响指标的各项条件，如设备、工艺、工具、员工技术水平、工作环境等。所以，成本的日常控制要求要与生产作业计划与控制等结合起来进行。成本日常控制的主要方面如图 7-3 所示。

图 7-3　成本日常控制的主要方面

1. 材料费用的日常控制

材料费用的日常控制包括几个方面，如图7-4所示。

车间施工员和技术检查员：按图纸、工艺、工装要求的操作进行监督，实行首件检查，防止成批报废

车间设备员：按工艺规程规定的要求监督设备维修和使用情况，若不符合要求则不能开工生产

供应部门材料员：按规定的品种、规格、材料实行限额发料、监督领料、补料、退料等制度的执行

生产调度人员：控制生产批量、合理下料、合理投料、监督期量标准的执行

图7-4 材料费用的日常控制

2. 工资费用的日常控制

工资费用的日常控制主要是对生产现场的工时定额、出勤率、工时利用率、劳动组织的调整，奖金、津贴等的监督和控制。

此外，要监督车间内部作业计划的合理安排，要合理投产、合理派工，控制窝工、停工、加班加点等。

3. 间接费用的日常控制

车间管理费的项目很多，发生的情况各异。有定额的按定额控制，无定额的按各项费用预算进行控制。

讲师提醒：上述各生产费用的日常控制，应委派专人负责控制和监督，使费用发生的执行者实行自我控制，还应当在责任制中加以规定。这样才能调动全体员工的积极性，使成本的日常控制有群众基础。

（三）及时纠正偏差

针对成本差异发生的原因，应查明责任者，分情况、分轻重缓急，提出改进措施，加以贯彻执行。对于重大差异项目的纠正，一般采用如图7-5所示的程序。

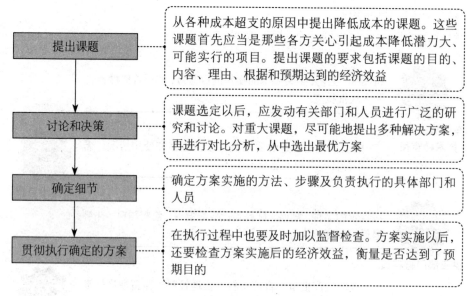

图 7-5 重大差异项目的纠正程序

第二节　生产成本控制方法

一、建立成本控制制度

加强成本控制，必须实施有关的基础性工作，如建立各项成本控制制度，如图 7-6 所示。

图 7-6 成本控制制度的内容

（一）建立分级控制和归口控制的责任制度

为了调动全体员工对成本控制的积极性，必须明确和协调各级组织（厂部、车间、班组等）和各归口的职能管理部门（如财务、生产、技术、销售、物资、设备等）在成本控制方面的权限与责任，建立健全成本控制的责任制度。

因此，要将成本计划所规定的各项经济指标，按其性质和内容进行层层分解，逐级落实到各个车间、班组和职能科室，实行分级归口控制。

根据权、责、利三结合的原则，在建立成本控制责任制的同时，必须赋予责任单位和部门以一定的经济权限和利益，使其有做好本单位责任成本的相对的自主权，这些自主权的内容如图 7-7 所示。

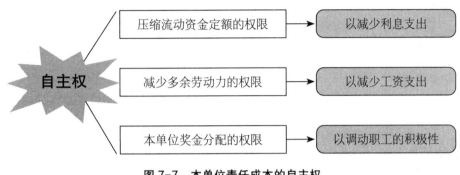

图 7-7　本单位责任成本的自主权

（二）建立严格的费用审批制度

一切费用预算在开支以前都要经过申请、批准手续后才能支付，即使是原来计划规定的，也要经过申请和批准。这样做，有利于一切费用在将要发生前再进行一次深入的研究。根据变化了的新情况，再一次确定费用的合理性，以保证一切费用的使用效果。

（三）建立原始记录与数据收集整理制度

原始记录是成本与控制核算赖以进行的基础资料或第一手资料。根据成本控制和成本核算的需要，结合其他企业管理的要求，建立健全简便易行的原始记录制度，如企业对材料、燃料和动力、工时等的消耗，员工出勤，产品产量及入库，费用开支，产品质量检验等，都要制定相应格式的原始记录，并如实填写，及时传递。

（四）建立定额管理制度

定额管理制度是以定额为依据来安排计划和控制消耗的一种科学管理制度。

因此，建立健全定额管理制度，对编制成本（费用）计划、组织成本（费用）核算、进行成本控制和分析都具有重要的意义。企业应根据目前已达到的水平，结合当前管理的水平，采用适当的方法，科学合理地制定各种定额。定额制定后，企业要加强对定额执行情况的核算、检查和分析工作；还应根据企业生产技术水平的变化和管理水平的提高，定期地修订定额。

（五）建立材料物资的计量验收制度

材料物资的计量和验收，既是材料物资管理的基础工作，又为材料物资的计价提供了基础数据——数量。如果没有如实的验收和准确的计量，便不可能对产品成本中的材料费用进行正确核算。

因此，每个企业都要建立健全材料物资的计量验收制度。如对材料物资的收发、领退、在产品、半成品的内部转移，产成品完工入库等，都要建立相应的计量和验收制度。

制度制定之后要监督员工按制度要求执行，否则制度就形同虚设，没有实际意义。企业应定期对制度的执行情况进行检查，以确认制度执行情况。

【精益范本】▸▸▸

定额实施管理办法

1. 目的

通过开展定额管理，消除无效劳动，降低人工成本，提高劳动效率。

2. 适用范围

本办法适用于××××公司所生产的产品，涉及制造、焊接、喷涂、包装各个制造单位。

3. 术语和定义

3.1 定额

定额是产品生产过程中劳动消耗的一种数量标准，是指在一定的生产技术组织条件下，为完成单位产品所规定的必要劳动时间消耗标准或在单位时间内生产合格产品数量（或完成工作量）的标准。前者称为"时间定额"，后者称为"产量定额"，这两种形式可以直接转换，都是劳动计量标准。

3.2 工作研究

工作研究是运用方法研究和时间研究的技术，对工作系统的构成、要素之间的关系以及多种环境等进行分析、研究、设计、改进，力求以尽量少的劳动消耗获取尽可能多的工作成果的一项工程技术。

3.3 定额水平

定额水平是指劳动定额的松紧和平衡程度，它是企业在一定时期内，由人的素质和物质条件以及已达到的生产技术、企业管理和劳动组织水平所决定的。

4. 职责

4.1 工程部

4.1.1 制定标准定额：依据产品的工序、工序的难易程度、作业的前置时间、工作时间、收尾时间，先给出该工件的初步定额。

4.1.2 当定额出入较大时，需要会同生产及相关部门确认，并申请更新标准定额。

4.2 生产执行部门

4.2.1 采集实际在生产的各个工序中的产品定额，提供给工程部门。

4.2.2 生产部门负责收集每个员工当天的定额单，并由生产人员录入系统管控。

4.2.3 对生产产品异常进行处理。

4.3 IE 部门

4.3.1 IE 工程师利用秒表实际测算现场作业的时间并计算效率，利用统计分析的方法得出较佳的标准定额，作为生产定额的依据。

4.3.2 工艺的调整，增加工装、治具、辅助工具等方法缩短原产品的工作效率，并将实际定额提报给工程、生产部门加以修正。

4.4 人力资源部

4.4.1 依据生产部门提报的每个员工定额表，辅助员工考勤、奖惩记录等核算员工的工资。

4.4.2 制定员工考核及绩效管理办法。

5. 定额实施办法

5.1 产品定额

5.1.1《产品定额清单零件目录表》分级审核并报总经理批示后，录入系统作为生产考核的依据。

5.1.2 对于新产品的制造工艺，由生产和专案工程师根据产品制造过程中的实际情况，统计该产品的每道工序的定额，并汇总清单制作《产品定额清单零件目录表》，作为量产工艺的参考。

5.1.3 新品转量产时的小批量生产的目的，除了验证工艺的稳定性外，主要收集该产品的每道工序的实际定额，该实际定额在经过生产部门和工程部门共同分析后，制定出标准定额并录入系统，作为后续大量生产的定额依据。

5.2 劳动定额的制定

5.2.1 定额制定的方法。

制定产品定额时应首先利用工业工程技术，对现有生产、技术、组织条件进行优化，使其各要素达到最佳状态后，用下述劳动定额制定方法制定劳动定额：

（1）经验估工法；

（2）统计分析法；

（3）类推比较法；

（4）作业测定法。

作业测定法是目前制定定额的主要方法。

5.2.2 偏差劳动定额的制定要求。

在机器、设备、刀具、夹治具发生意外情况下，根据提供的报告、照片、记录项等作为依据，可以调整该次作业的定额。

5.2.3 对于非标、少量的产品，可以适度在标准工时的基础上提高一定的系数。

5.2.4 参与定额员工的工资发放。

（1）参与定额考核的员工，定额的工时与员工的底薪直接挂钩。在完成定额的基础上，才享受底薪。

（2）超出部分的定额按照定额折算为单位小时的金额乘以超出部分的时间总数计算。

5.3 定额的修订

随着生产的发展和工艺技术的不断提高，单项工序的定额消耗也随之不断降低，应对劳动定额标准定期进行修订。修订劳动定额时必须从公司实际出发，合理确定劳动定额的核算办法，确保劳动定额工作的平稳开展。修订定额需要会同生产部门、工程部门、管理部门介入，根据现场作业实际情况对系统工时加以修正。

涉及定额修改的情形：

（1）产品（零部件）结构改变；

（2）原材料的材质、规格发生变化；

（3）工艺流程变动和加工工艺方法改变；

（4）设备和工艺装备变动；

（5）新的或替换的人员改变；

（6）个别定额与实际生产情况相差悬殊；

（7）零件的路线发生变化。

5.4 定额统计

5.4.1 工时利用情况统计。

工人的工时利用情况，一般通过计算出勤率和工时利用率这两个指标来反映。

（1）出勤率：反映在制度工时内企业生产工人出勤情况。计算公式为：

出勤率 = 出勤工时 / 制度工时 × 100%。

（2）工时利用率：反映工人出勤工时实际被用于生产工作的程度。计算公式为：

工时利用率 = 实作工时 / 出勤工时 × 100%。

（3）实作工时：是指工人在一定的生产技术组织条件下，为制造某种产品（某道工序或完成某项）而实际消耗的工作时间。实作工时是对应于"定额工时"而言的，一切非定额时间均不得混入。计算公式为：

实作工时＝出勤工时－制度内停工工时。

（4）停工工时：是指生产工人在制度工作时间内，由于某种原因造成不能干本职工作的时间。具体停工统计分类是：机修停工、动力停工、工夹磨具停工、无任务停工、开会、学习停工、社会文体活动停工、文明生产停工、倒班损失停工、其他停工时间。

5.4.2 定额完成情况。

（1）定额完成情况的指标主要是定额完成率。定额完成率反映了一定时期劳动定额水平，是对劳动定额执行情况反馈。计算公式为：定额完成率＝∑完成定额工时／实作工时。式中，实作工时＝制度内实作工时＋制度外加班加点工时；定额完成工时＝单件工时定额×合格品数量。

（2）工时生产率。工时生产率反映了一定时期的劳动效率。计算公式为：工时生产率（小时／人）＝完成定额工时／在册定额人数。

5.5 定额分析与考核

5.5.1 定额统计分析的目的是用统计数据反映生产组织中存在的问题，找出生产组织及劳动管理中存在的薄弱环节，以便更好地挖掘生产潜力，减少不必要的停工与浪费，提高劳动保护效率。主要从四方面进行分析：

（1）完成定额工时人员变化；

（2）工时利用情况（含各类停工分析）；

（3）定额完成情况；

（4）工时劳动生产率情况。

生产率控制中的分析是这种方法的具体应用。

5.5.2 工时原始记录的管理。

5.5.2.1 工时原始记录的内容。

（1）工时原始录主要有个人记工单和停工单。

个人记工单主要记载工人一天生产总情况的数据，包括：操作者姓名、日期、零件名称、完成数量、实作工时、加班加点工时和停工工时等。

停工单主要记载机修、动力停工时间和停工工时原因。

（2）个人记工单和停工单的表格由各单位根据本单位实际情况自行设计，内容要简明扼要、避免重复。

5.5.2.2 工时原始记录的管理。

（1）各单位要制定本单位的工时原始记录管理办法。

（2）工时原始记录要如实记载，认真负责，不得弄虚作假。

（3）工时记录单由专人负责搜集、整理、保存，车间要有台账。

5.5.2.3 特殊情况下工时记录的填写。

（1）对不独立顶岗的学徒工，不进行工时考核，但其完成的工时记在其师傅的记工单中，并将学徒工的姓名添入此记工单中。

（2）非生产的支援人员顶岗参加生产的工时记录应单独记录，在整理工时记录时，只计算完成定额工时，对其本人不进行考核。具体人数在报表分析中注明。

（3）凡换件调整时间已包括在工时定额内的，无论该调整工作由班组调整或由工人本人调整，所消耗的时间均算为实作工时。

（4）喷涂流水线，可以以小组为单位进行工时记录；如能考核到个人，也可以按个人进行工时记录。

（5）如按小组为单位进行工时记录，完成产量一般按装配线或长流水线的最后一道工序结束后的合格品数量记录。

定额工时 = 小组各工序工时定额之和 × 小组产量。

实作工时 = 小组出勤人数 ×（出勤工时 − 停工工时）。

停工工时记录以生产线上停工的主要原因进行记录。

（6）加班加点指在制度工时外进行生产所发生的工时。加班加点时间记在实作工时中的"其中制度外工时"内；加班加点中的停工工时不计；加班加点完成的合格品记录在完成定额工时内。

5.6 定额的执行

定额在执行期内，必须保持劳动定额的严肃性。现行产品定额一经审批确定，不能擅自修改。定额的更改需要权限主管或会同相关部门审批。

二、消除浪费

（一）浪费的含义

传统意义上人们认为只有材料的报废、退货、废弃才是浪费。现在，浪费指一切不增值的活动，包括时间、成本等的浪费。

成本控制的内容，不是那些宏观、抽象的事物，而是在每天的工作中，员工努力发现浪费等具体问题，并着手解决，从而改善品质，节约经费，缩短工时。

（二）生产现场的浪费

消除浪费的出发点，就是要分辨出哪些现象属于浪费，哪些现象不属于浪费，然后努力消除产生浪费的不合理现象。企业生产现场中的七大浪费现象如图7-8所示。

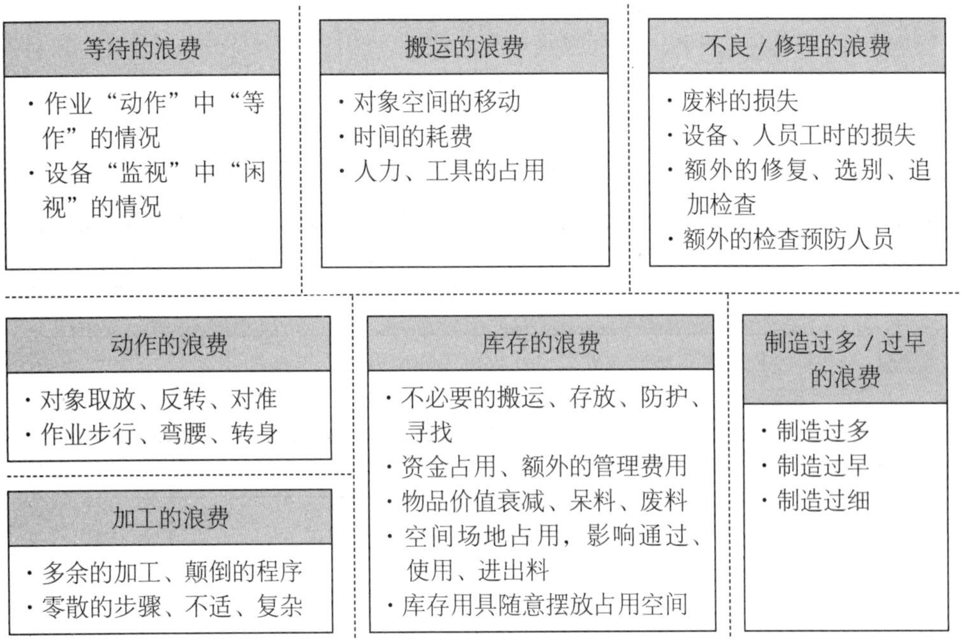

企业生产现场中的七大浪费现象

等待的浪费
- 作业"动作"中"等作"的情况
- 设备"监视"中"闲视"的情况

搬运的浪费
- 对象空间的移动
- 时间的耗费
- 人力、工具的占用

不良/修理的浪费
- 废料的损失
- 设备、人员工时的损失
- 额外的修复、选别、追加检查
- 额外的检查预防人员

动作的浪费
- 对象取放、反转、对准
- 作业步行、弯腰、转身

加工的浪费
- 多余的加工、颠倒的程序
- 零散的步骤、不适、复杂

库存的浪费
- 不必要的搬运、存放、防护、寻找
- 资金占用、额外的管理费用
- 物品价值衰减、呆料、废料
- 空间场地占用，影响通过、使用、进出料
- 库存用具随意摆放占用空间

制造过多/过早的浪费
- 制造过多
- 制造过早
- 制造过细

图 7-8　企业生产现场中的七大浪费现象

（三）消除浪费的措施

（1）常规控制浪费的措施。常规控制浪费的措施如图 7-9 所示。

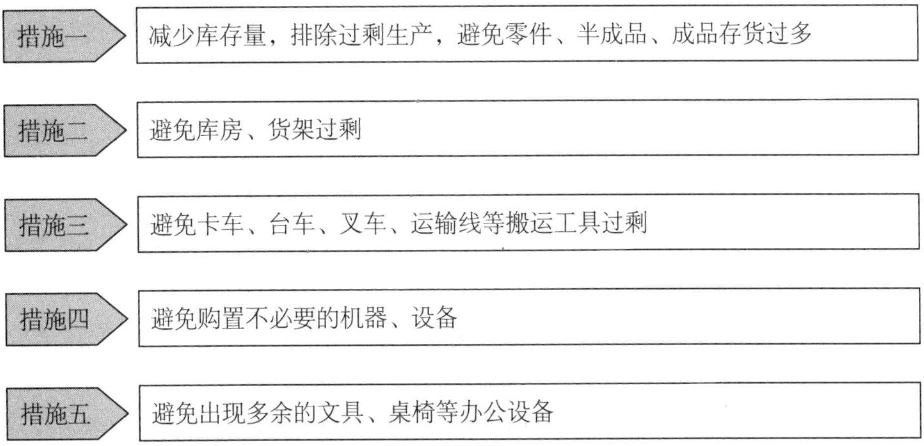

措施一	减少库存量，排除过剩生产，避免零件、半成品、成品存货过多
措施二	避免库房、货架过剩
措施三	避免卡车、台车、叉车、运输线等搬运工具过剩
措施四	避免购置不必要的机器、设备
措施五	避免出现多余的文具、桌椅等办公设备

图 7-9　常规控制浪费的措施

（2）浪费情况公布。将浪费的情况公布出来，使员工熟知，自觉改变浪费的做法。

（3）遵循科学的时间使用法，提高工作效率。消除"拿起""放下""清点""搬运"等不增值的动作。避免因"寻找""等待""避免"等动作而引起的浪费。制定合理的作业标准，并严格执行，从而提高工作效率。

（4）减少能源浪费。减少能源浪费的措施如图 7-10 所示。

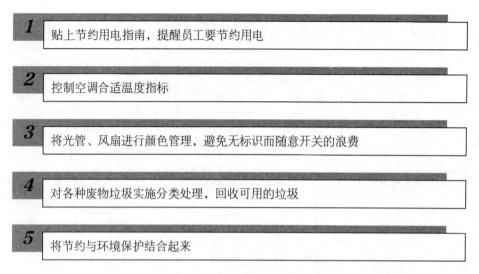

图 7-10　减少能源浪费的措施

三、设定标准时间

标准时间就是一名员工以标准作业方法、标准速度进行作业所需的时间。企业实施标准时间主要是为了提高作业效率，进而降低生产成本。

（一）标准时间的定义

标准时间，就是在如图 7-11 所示条件下，员工完成作业所需的时间。

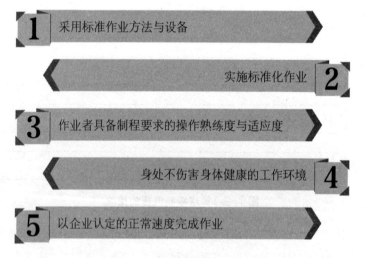

图 7-11　设定标准时间的条件

（二）标准时间的构成

标准时间的构成如图 7-12 所示。

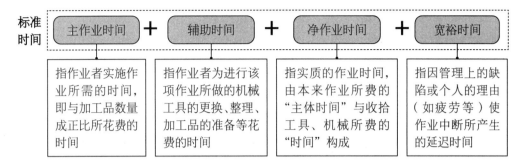

图 7-12 标准时间的构成

（三）标准时间的计算公式

标准时间=净作业时间+宽裕时间=净作业时间×（1+宽裕率）

净作业时间=码表观测值×评核系数

宽裕率=宽裕时间÷净作业时间

（1）码表观测值即观测值，不包括异常值后的算术平均值。

（2）评核系数：由现实作业所得的观测时间转换成标准时间的系数，用以评估实际作业速度相对标准速度是超前或落后，通常以 80%～125% 区分等级。

（3）宽裕率是指一般使用统计性的经验值，为 20%～30%。

（四）标准时间的用途

标准时间广泛应用于企业的各个管理层面，其具体用途如图 7-13 所示。

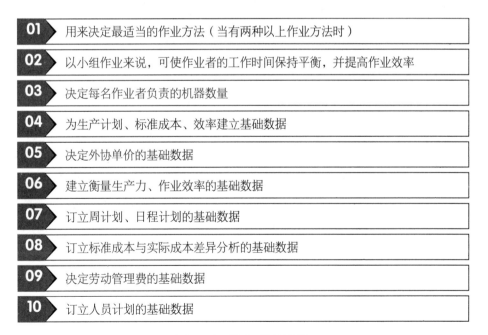

图 7-13 标准时间的用途

（五）标准时间的设定

1. 码表观测法

码表观测法是指将一个周期的作业，分解成适当长度的要素作业，利用码表与时间观测表进行观测分析，设定该作业的标准时间的方法。

以要素作业来分析作业、观测时间的原因如图7-14所示。

原因一 同一要素作业，只要观测一次时间，其他作业也可使用

原因二 对作业中的一部分，当出现方法顺序的变更时，只需重测变更部分，不必再做整个作业的时间测定

原因三 可由各要素动作的时间状况来判断作业是否稳定

图7-14 以要素作业来分析作业、观测时间的原因

2. 时间观测

除码表外，时间观测表是主要的工具。时间观测的要领及注意事项如图7-15所示。

时间观测的要领
- 准备观测板、码表及时间观测表。观测板需长期使用，要求轻巧，便于记录观测值，利于阅读码表；码表使用10进位法来分单位，观测时不归"0"
- 选择熟练的作业者作为观测对象
- 应将作业分割成适度的要素作业，并且记入"时间观测表"的"要素作业"栏
- 观测各要素作业结束的时间点，然后将该时间记入时间观测表中"累计时间"栏
- 时间观测表中的"个别时间"栏是在观测后进行整理时记录的
- 观测次数宜为10~20次
- 观测后，去除异常值，计算各要素的个别时间平均值

时间观测时的注意事项
- 由于码表不需归"0"，所以开始观测时，不一定从"0"测起
- 出现异常值时，用圆圈圈起以便识别，计算平均值时，应略去不计
- 若一时疏忽，未能看清读数，切忌随意记录，应在时间栏内填入"M"（此时前后的个别时间无法算出）
- 省略要素作业时，应在时间栏内记下"→"以区别"M"
- 要素作业的分割应在可观测的程度之内

图7-15 时间观测的要领及注意事项

3. 标准时间设定

设定标准时间的基本方法是：以"时间观测表"上记录的观测值为基础，修正标准速度而得出标准时间。设定时应注意如图7-16所示的四点事项。

事项一	必须设定一个能信赖的标准时间
事项二	设定标准时间时一定要具备作业分析、时间分析等专业技术，也就是设定时应以专业人员为中心，并让熟知现场作业的一线管理督导人员、QC人员协助参与
事项三	在设定标准时间前一定要实现作业的标准化，即保证作业方法、作业顺序、人员配置、工具等的标准化
事项四	一旦作业方法、作业条件发生变化，就得重新设定标准时间

图7-16 标准时间设定注意事项

讲师提醒　企业必须根据作业目的按照正确的方法和步骤，合理、科学地设定标准时间。同时应就标准时间的设定，征求员工的意见和建议，使员工充分掌握相关要领。

四、实施以旧换新

为杜绝浪费、控制生产成本，要特别加强消耗品的使用管理，提高消耗品的有效使用效率。为此，可以采取以旧换新的方法来加以控制。而为使以旧换新能更好地执行，最好制定以旧换新制度，确定以旧换新的物品范围、责任人员、标准、工作流程及不执行的处罚规定。同时，可以将以旧换新品项明细用看板的形式公示出来。

五、开展修旧利废活动

修旧利废活动是加强企业管理、减少浪费、降低成本费用的有效途径。企业要鼓励各车间自主创新，修旧利废，小改小革，并做好记录。同时，为使这项工作有可持续性，企业要制定相应的实施细则，确定修旧利废管理标准的职责、内容、要求及奖励与考核标准。

六、加强节能降耗管理

一个企业离不开水、电、煤、纸,这也是企业生产成本的组成部分。节能降耗,顾名思义,就是要节约能源消费,降低消耗标准。企业加强节能降耗管理的措施如下。

(一)开展节能降耗宣传活动

企业上下大力开展节能降耗宣传活动,通过大力加强宣传教育工作,营造"人人讲节约、事事讲节约、时时讲节约"的良好氛围。号召全体职工厉行节约,开展"四个一"(节约一度电、一滴水、一升油、一张纸),提合理化建议、与经济挂钩,落实奖罚制度,使节能降耗工作力度得到提升。

(二)加强能源管理

加强能源管理是实现节能降耗的基础。企业应该建立完善的能源管理体系,制定合理的能源计划和目标,对能源的使用和消耗进行监控和分析,及时发现和解决能源浪费的问题。

(三)优化生产工艺

优化生产工艺是实现节能降耗的重要手段。企业可以通过改进设备和工艺,降低能源消耗,提高生产效率。例如,采用高效节能的设备和技术,优化生产流程,减少能源的浪费和损失。

(四)加强能源监测

加强能源监测是实现节能降耗的重要环节。企业应该建立完善的能源监测系统,对能源的使用和消耗进行实时监测和分析,及时发现和解决能源浪费的问题,为制定合理的节能措施提供依据。

(五)推广节能技术

推广节能技术是实现节能降耗的重要途径。企业可以通过引进和应用先进的节能技术,降低能源消耗,提高生产效率。例如,采用智能化控制系统、高效节能的设备和技术,优化生产流程,减少能源的浪费和损失。

第八章
精益生产之库存控制

情景导入

在上课之前,杨老师还是老生常谈地问了大家一个问题:"精益生产的核心是什么?"

"精益生产的核心是消除一切无效劳动和浪费,它把目标确定在尽善尽美上,通过不断降低成本、提高质量、增强生产灵活性、实现无废品和零库存等方式确保企业在市场竞争中的优势。"小刘抢着回答。

"很好,刚才小刘的回答中有一个词——零库存。大家的公司能做到零库存吗?"杨老师接着问。

"怎么可能做到零库存,任何企业或多或少都要备有库存的。"

"我们公司的库存还挺多的,感觉公司赚的钱全押在仓库的存货上了。"

"是啊,库存容易占用资金,形成浪费。"

大家忍不住感叹起来。

"JIT认为:库存是"恶魔",不仅造成浪费,还将许多管理不善的问题掩盖起来,使问题得不到及时解决,就像水掩盖了水中的石头一样。请问库存浪费对企业有何影响?"杨老师继续引导大家。

"库存提高了经营成本。"

"库存是积压的资金,并以物的形式存在,无产出,影响资金周转。"

"增加了仓库管理等诸多费用。"

"产生不必要的搬运、堆积、防护、寻找等浪费动作,使FIFO作业困难。"

"物品的价值衰减,变成呆料、废料。"

学员们情绪激昂地纷纷发言。

"看来大家对库存的消极影响还是认识很深的,那我们既然要开展精益生产,就不得不追求零库存,提高资金周转率。其实,零库存是一种特殊的库存概念,零库存并不等于不要储备和没有储备。所谓的零库存,是指物料(包括原材料、半成品和成品等)在采购、生产、销售、配送等一个或几个经营环节中,不以仓库存储的形式存在,而均是处于周转的状态。它并不是指以仓库储存形式的某种或某些物品的储存数量真正为零,而是通过实施特定的库存控制策略,实现库存量的最小化。"杨老师侃侃而谈。

"零库存原来是这个意思啊,那我们得追求!"学员们恍然大悟。

"今天的课程主题就是关于精益生产的库存控制!希望大家认真学习,回去用到公司的管理中。"杨老师说。

第一节 库存概述

一、库存的类型

工厂库存的内容涵盖了产品、物料及生产过程中可能堆积的在制品。具体可按以下方式分类。

(一)按库存性质分类

按库存性质可以分成如图 8-1 所示的几类。

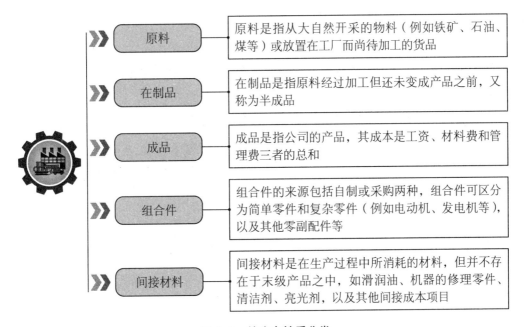

图 8-1 按库存性质分类

(二)按库存功能分类

按库存功能划分可以分成如图 8-2 所示六类。

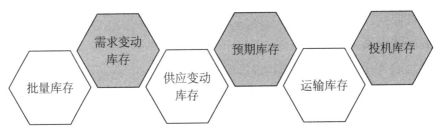

图 8-2 按库存功能分类

1. 批量库存

批量库存又分为成品批量库存、在制品批量库存、原料批量库存,其产生的原因如表 8-1 所示。

表 8-1 批量库存产生的原因

序号	功能	原因
1	成品批量库存	为节省生产成本,生产一批大于销售部门所需数量的货物所产生的库存
2	在制品批量库存	为了节省设施准备成本或减少仓库发料的负荷,制造一批大于当时生产所需的制品所产生的库存
3	原料批量库存	为了节省采购成本或检验成本,订购一批大于当时生产所需的原料所产生的库存

2. 需求变动库存

需求变动库存是指由于顾客需求变动或预测误差所造成的库存。

3. 供应变动库存

供应变动库存是指由于供应或购备时间的变动所造成的库存。

4. 预期库存

预期库存是指向国外采购的材料,由于船期可能发生变动而必须储存待用的库存,或为改换供应商未来预期需求所建立的库存。

5. 运输库存

运输库存是指将物料运到其他地区,在途中所产生的库存。

6. 投机库存

投机库存是指为了节省材料成本,在低价时大批买进所产生的库存。

二、库存的成本

库存的成本是指有关库存从订货购入、储存到出库整个过程所产生的一切费用,以及因缺货而造成的经济损失。一般而言,库存成本分为采购成本、订货成本、储存成本和缺货成本四种。

(一)采购成本

采购成本是指由买价和运杂费构成的成本。其总额一般取决于采购数量和单位成本。由于单位采购成本在一定的采购批量内不随采购数量的变化而变化,因此,从采购批量决策的角度看,采购成本一般属于无关成本。若不同的采购批量对应不同的采购单位成本时,采购成本就成了相关成本了。

（二）订货成本

订货成本是指为订购存货而发生的有关成本，包括因每次订货业务而发生的文件处理费、邮电费、验收费、付款费、采购人员差旅费、采购部门的管理费、采购人员的工资等。从订货成本与订货次数的关系来看，采购成本总额可区分为变动订货成本和固定订货成本两部分。其中，变动订货成本是与订购次数有关的成本，如与各次订购有关的文件处理费、邮电费、验收费等，固定订货成本是与订购次数无关的成本，这部分成本是维持采购部门的正常活动所必需的费用，如采购部门的管理费等。

（三）储存成本

储存成本是指储存物料而发生的成本，包括：

（1）支付给储运公司的仓储费；

（2）物料储存过程中发生的物料保险费；

（3）物料占用资金应计利息；

（4）物料毁坏变质陈旧发生的损失；

（5）仓库、房屋、设备的折旧费、维修费，仓库照明费，仓库职工工资及办公费等。

储存成本也包括两部分：一部分是总额相对固定与储存数量的多少及储存时间长短无直接关系的部分，称为固定储存成本，如办公费、折旧费等；另一部分是总额与储存时间和数量有关的成本，如物料变质损失等，称为变动储存成本。

一般而言，在库存成本决策中，固定储存成本属于无关成本。

（四）缺货成本

缺货成本是指未能保持足够的物料所造成的损失。缺货成本经常表现如下。

（1）因物料不足而造成的停工待料损失。

（2）因临时性紧急购买所造成的额外购货成本，为补足拖欠订货而加班加点增加生产所发生的额外成本支出。

（3）因对顾客延期交付产品而支付的罚金以及因未能及时交货所造成的企业信誉方面的损失等。

可见，缺货成本的计量具有较大的不确定性与估计性。一般来说，缺货成本的多少与物料储存量有关：当物料比较充足时，发生缺货的可能性较小，缺货成本就较小；当物料储备较低时，发生缺货的可能性较大，缺货成本也就随之增大。

三、库存产生的原因

为了在物料管理过程中有效地控制库存量，首先应该充分了解库存产生的主要原因。一般来说，基准设定不合理、用料差异、用料日期变更等各种因素都会造成库存的变化。

以下将从计划性或策略性和失误性两个角度出发，分析库存发生的原因。

（一）计划性或策略性库存

由于企业生产计划或经营策略的确定，会产生某些物料的库存。交货期的缩短或投机性的购买，都是策略性库存出现的主要原因。例如，企业预测到某种物料价格将会上涨，于是大量购进将要涨价的物料，这种投机性质的购买实际上是规避风险的方式之一。

对于很多企业来说，季节变动对生产情况的影响比较显著，这就不得不通过增加库存量来缓解季节性生产高峰的压力。另外，由于大批量生产零部件可以降低供应商的生产成本，出于这样的目的，供应商通常希望企业能大批量进货，这也相应地造成了库存的增加。

（二）失误性库存

管理工作中的失误，也会造成库存量增加。企业经营计划对市场估计不足、订单与客户管理的衔接失误、安全库存量设定事实依据不准确、仓储管理不善、生产产能不均衡等各方面的因素都会对物料库存产生影响。另外，由于担心供应商产能不稳定而影响企业的正常生产计划，企业通过增加库存量来规避风险也会对库存产生影响。这些因素都会导致库存量的增加或减少。造成库存的失误性原因如表8-2所示。

表8-2 造成库存的失误性原因

造成库存的原因	具体分类
1.营销管理失误	（1）市场预测错误 （2）市场变化超出营销预测能力 （3）订单管理和客户管理衔接失误
2.生产管理失误	（1）生产批量与计划吻合不严密 （2）安全库存量的基准设定太高 （3）安全库存量设定事实依据不准确 （4）生产计划本身衔接不良，造成半成品流动不畅 （5）仓储管理不善
3.生产管理问题	（1）生产流程产能不均衡 （2）各道生产工序的合格率不均衡 （3）产品加工过程较长，例如外加工
4.物料供应来源问题	（1）供应商前置时间过长，供应不及时 （2）供应商产能不稳定 （3）担心供应商的供应能力，增大库存以规避风险

第二节　库存管理作业要点

一、设立库存控制点

（一）安全库存的设置方式

1. 库存控制作业流程

科学合理的库存控制作业流程是实现安全库存的基本保障。如图 8-3 所示，库存作业程序一般包括基准设定、用料差异、库存管制以及交货期变更联络单等环节。以下将简要地分析影响库存的三个主要环节：基准设定、用料差异、需要日变更。

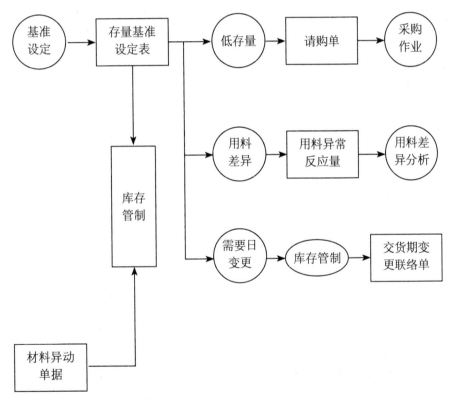

图 8-3　库存控制作业流程示意图

（1）基准设定。物料的安全存量基准是控制物料低存量的关键。只有设定好基准之后，才能顺利地进行库存量控制。采购作业等都需要根据设定的基准来进行操作。例如，如果某产品的安全库存量基准设定为 100～300 件，那么当该产品的库存数量高于 300 件时就应该停止进货，从而保证库存量处于最低的状态。

（2）用料差异。在许多制造企业中，生产线的生产并不是稳定不变的，总存在着一定范围的调整。生产部门在进行产品生产时，所使用的物料也可能出现变化。因此，物控部门应该时刻关注生产线上的变化，注意生产过程中的用料差异，并及时地做出库存量的调整，防止由于用料差异导致原用物料的积压。

（3）需要日变更。生产部门根据生产计划产生对物控部门的供料需求，由于销售和生产等计划的变化，物料需要日变更的情况经常出现。例如，生产部门对某产品的需求日为25号，后来由于赶时间，可能要求将日期提前到12号。

物料需要日变更，会直接影响到企业的安全库存。因此，根据需要日变更来相应地调整库存量，也是确保库存安全的重点。

2. 确认前置时间

前置时间指的是从产品的原材料和外购零配件的购买开始，到生产流水线正式投产时所需的产品原材料和外购零配件进入仓库之间所花费的时间。因此，前置时间也是真正投产之前物料的准备过程。由于前置时间又称为备需时间或购备期间，其英文为lead time，因而通常简写为LT。

前置时间是投产前的物料准备过程，如果企业在生产计划中没有考虑到前置时间，那么很可能会因为物料没有及时到位而使生产陷入停顿之中，从而造成交货的延误。例如，如果客户要求的交货日期是两个月，而公司购料的前置时间就需要两个月，很显然是来不及生产的，因此交货时间确定之前首先应该提前确认前置时间。

为了解决前置时间与交货日期的冲突，一般可以采取以下两种措施。

（1）自制零配件做成半成品作为库存，这些半成品的供应量至少要有半个月的存量，而直接投入生产流水线进行装配的零配件，至少要有一个半月的存量。

（2）不保留半成品的库存，而自制零件则至少需要有两个半月的存量。

3. 拟订库存基准点

确认前置时间后，还需要进一步确认库存基准点。对于不同的行业，各自的库存基准点是不同的。例如，对于食品行业来说，要求库存少、周转速度快，库存基准点设置较低；而对于大型设备的生产企业来说，生产周期长，基准点必然相应设置较高。

库存基准点的设定还因物料而异。例如，对于品质容易受到仓储运输环境影响的物料，库存的基准点要尽可能设置得低一些。另外，基准点还要与企业的管理制度相吻合，随着生产过程改善程度的不同，基准点也应随之做出相应的调整。

如图8-4所示是实际库存构成，必须保证JIT生产所需的物料需求。锯齿的最高点代表库存量的最高点，当它降到一定程度时就需要发出订购单。由于物料从采购进入仓库还需要一段前置时间，再加上仓库中的废料、管理不善的不当库存等，实际上库存量在一段时间内还会继续降低。因此，在设定基准库存量时要充分考虑上述的各种因素。

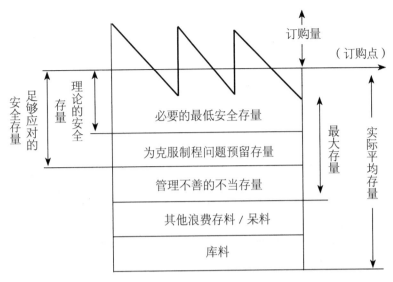

图 8-4　实际库存构成

（二）安全存量法的实施

安全存量法实施的关键，在于以存量水准为订购点，因此又经常被称为订购点法。安全存量法讲求经济批量，与定量订购法颇为相似，是降低库存长期策略的主要方式之一。

安全存量法的实施应该按照以下步骤来进行。

1. 确定物料订购点

安全存量法的关键是以存量水准为订购点。因此，首先需要确定各种物料的订购点和订购批量标准。如图 8-5 所示，通过账务管理，如果发现库存量已经低于订购点，那么应迅速确定采购计划，使库量回到安全的水平线上。

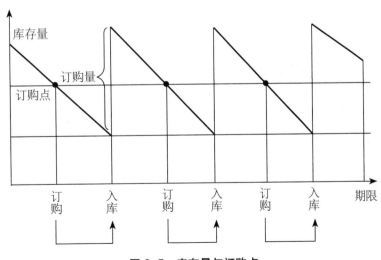

图 8-5　库存量与订购点

2. 确定经济订购量

一般来说，每次的订购数量越多，所需花费的定购费用就越少。

但是，每次的订购数量越多，维持库存所需的费用自然也就越高。这样就产生了订购次数与订购数量之间的矛盾，为了有效地解决这一矛盾，实现总费用最低的目标，采用如图8-6所示的二维曲线来进行分析，从而选择合适的订购数量。

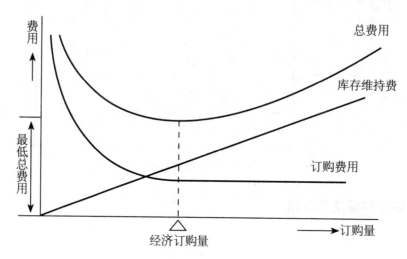

图8-6 费用与订购量的关系曲线

从图8-6可以看出，总费用有两个来源：订购费用和库存维持费，都是由订购数量所决定的。其中，库存维持费用等于每年的平均库存量乘以单价，再乘以年库存维持率的一半，订购费用等于每次定购费用与年度总用量的乘积除以经济订购量。当库存维持费用与订购费用相等时，两者之和最小，由此就可以推算出经济订购量的计算公式。

$$经济订购量 = \sqrt{\frac{2 \times 年度总用量 \times 每次定购费用}{年度的库存维持率 \times 单价}}$$

二、对物料入库时间加以控制

（一）入库过早的隐患

1. 可能会影响付款周期资金流转

如企业与供应商确定的付款期为交货后下个月的25号付款，则当9月29日交货时，付款日期为10月25日；9月30日交货时，付款日期也为10月25日；但是，当10月1日交货时，付款日期为11月25日。若规定供应商交货日期为10月3日，则预计付款日期为11月25日；但是，供应商为了能尽早拿到货款，赶在9月30日，送货到企业，则根据协议，企业要在10月25日付款。付款周期整整提早了一个月。若该笔货款金额比较小，对企业影响还不是很大；若金额大的话，影响会很大。

2. 成本转移的问题

供应商将货物送到该企业仓库，便增加了企业的储存量。同时也增加了企业的管理成本。比如原本该企业需要2人管理，由于原来的货物按计划没有流出仓库，而供货却没有按计划提前入库。从而叠加起来需要至少4人管理，这样不但增加了人员成本，也增加了地方成本。

3. 风险的转移问题

如据气象部门预报，某台风可能于6月10日2时到14日在广东汕头市沿海登陆。企业本来要求供应商的货应交日期为15日，但是，供应商担心台风可能会对货物有损坏，就在9日把货送到了公司。只要公司收货，则风险就转嫁给了公司。

随着货物的交付，企业会产生很多义务、承担很多风险，所以说并不是货物越早交付越好。

（二）如何确定物料入库时间

在企业中物料入库时间均由生产需求来确定，然后由采购部调整。

确定物料采购需求的步骤如下。

第一步：确定物料需求，如表8-3所示。

表8-3　2月份出货安排

时间：1月1日

订单号	订单名称	需求物料	出货时间	数量/件
01	波兰1单	A物料	2月1日	100
02	波兰1单	B物料	2月3日	100
03	波兰1单	A物料	2月10日	150
04	波兰2单	B物料	5月3日	200

第二步：确定物料生产时间。假设A、B物料均为外购原件而后回厂装配的物料，如表8-4所示。

表8-4　生产安排表

时间：1月1日

订单名称	需求物料	装配时间	出货时间	数量/件
波兰1单	A物料	1月29日	2月1日	100
波兰1单	B物料	2月1日	2月3日	100
波兰1单	A物料	2月8日	2月10日	150
波兰2单	B物料	5月1日	5月3日	200

第三步：确定采购需求。

从表8-3和表8-4可以知道：采购需求共需要A物料250件，需要B物料300件。但是如何采购安排时间呢？从原始计划的排序看何时需要物料。根据仓库提前备货的原则，看看物料到库的最佳时间（表8-5）。

表8-5　物料到库的最佳时间

订单名称	需求物料	最佳到库时间	装配时间	数量／件
波兰1单	A物料	1月27日	1月29日	100
波兰1单	B物料	1月30日	2月1日	100
波兰1单	A物料	2月6日	2月8日	150
波兰2单	B物料	4月29日	5月1日	200

最佳到库时间也就是供应商送货的时间吗？显然不太可能，如果按照供应商的立场，供应商为从成本角度出发，显然最佳方法是在1月27日将所有的物料合计550件一起送来。但是仓库接纳550件的物料将严重超过仓库库存量，如果要求供应商按最佳到库时间送货，供应商会在送货的成本上与价格上进行调整，从而将成本从价格上转移并带到本企业。如何寻求最佳方案呢？见表8-6。

表8-6　采购安排

订单名称	需求物料	采购到库时间	装配时间	数量／件
波兰1单	A物料	1月27日	1月29日	100
波兰1单	B物料	1月27日	2月1日	100
波兰1单	A物料	1月27日	2月8日	150
波兰2单	B物料	4月29日	5月1日	200

要求供应商将临近一个星期的物料在1月27日全部送到，而超越一个星期的物料按规定时间送到。

对于如何控制入库时间，企业在要求供应商物料入库的时候，不是越早越好，而是根据生产的计划来确定（图8-7）。

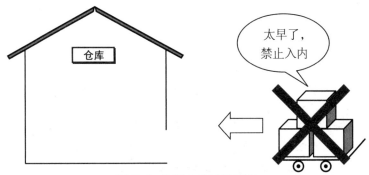

图 8-7 物料入库过早示意

如果不同物料由同一家供应商供应，从成本角度出发，根据一般企业的角度，可以将一周内的物料合并送到入库，但送货时间不能耽误交货期。

若供应商入库过早，企业可以从自身角度出发，将供应商送货期限提前。

三、对物料入库数量进行控制

（一）入库定量的含义

仓库存量管理一般是指当库存量下降到预定的最低库存数量时，便按规定数量进行订货补充，以防止生产急需而出现的物料短缺；而当某种物料上升到最高存量的时候，便拒绝物料入库（图 8-8）。这种限制物料的存量超过最高存量的做法被称为物料入库定量控制。

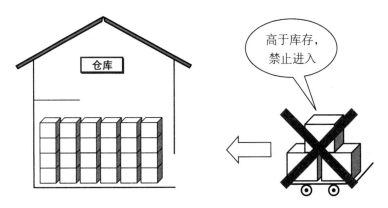

图 8-8 物料高于库存的示意

（二）适度存量的计算

1. 物料最高存量的计算

每日最高存量是指某固定时期内，某项物料允许库存的最高数量。其公式为

$$每日最高存量 = 一个生产周期的天数 \times 每天使用量 + 安全存量$$

2. 物料安全库存量

安全库存也称缓冲存量。这个存量一般不为平时所用，安全存量只用于紧急备用的用途。其计算公式为

每日安全存量＝紧急订购所需天数×每天使用量

物料 B02 是某厂的常规物料，该物料每天大约需要消耗 1000 个。离该厂最近的供应商是××。××生产物料 B02 的周期是 1 周，××与某厂的距离为 1 天时间。

已经知道上述条件，现在来确定物料 B02 的安全存量。

每日安全存量＝紧急订购所需天数×每天使用量
＝1天×1000个/天＝1000个

为什么是 1 周呢？要知道什么是紧急订购所需天数。如果是紧急订购，相信供应商必定有安全库存。

而物料 B02 最高存量为

每日最高存量＝一个生产周期的天数×每天使用量＋安全存量
＝7天×1000个/天＋1000个
＝8000个

（三）入库定量的实施

1. 首先确定常规物料

常规物料是指企业最常用的物料。尽管企业的产品设计呈现出多样化，但大部分产品还是属于一个类型。这些产品在外观与功能上存在不同，但是大多数配件是可以通用的，这些通用的配件即企业的常规物料。由于配件在技术含量与知识产权的重要性方面远低于成品或者产品主体，因此多数企业都是通过采购来获得的。

2. 其次确定每日物料适度存量

物料的每日适度存量可以通过以上计算来实施。

3. 确定安全天数

仓库每日安全存量应每天维持在这个水平上，同时可以根据供应商稳定的情况而确定。如果稳定，仓库为了防止突发事件可以多备 3 天的物料。也即在今天就需要将以后 3 天的料全部备齐，仓库进仓的数量只能是日消耗量的 3 倍。如果不稳定，可以备 1 个月的料，但这种物料的前提是价值高，而供应商难找。对于常规物料来说，物料几乎是稳定的。因为现代工业证明，紧跟一个行业兴起的便是这个行业供应链在附近的兴起。

常规物料安全天数一般为 1~3 天，可能有些行业有所不同，但据目前以主动寻找市场为主体的现代制造业，安全天数一般不会超过 3 天。在确定安全天数的时候，各企

业需要根据自身行业特点与供应商供货情况来决定。

4. 实施订购

接下来按照安全存量的数据实施订购,订购程序如图8-9所示。

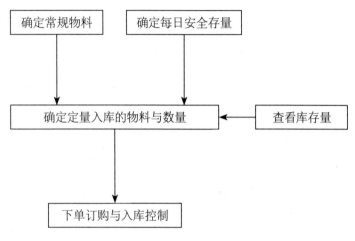

图8-9 订购程序

5. 定量入库监控

对物料实施定量入库监控是为了防止供应商多送物料。如果企业给供应商的订货批量太少,供应商未必会按照订货合同的数量来送货。因为供应商明白该物料是常规物料,于是供应商们会认为,即使多运也不会导致退货。

定量入库监控,即要打破供应商的这种侥幸心理。收货时要按照合同所要求的数量收货,绝对不能提前收货或者多收货。

(四)定量入库的注意点

1. 定量的标准绝非固定不变的

如果企业生产扩大,仓库面积增加,可以根据需要提高物料的定量标准。

2. 定量是一个时期内的标准

在生产的旺季,入库定量的标准适度提高;而在生产的淡季,入库定量的标准适度降低。

3. 定量指的是常规物料

而对于非常规的物料,笔者以为不应该有定量入库的说法,而应该根据销售合同来实施一对一的采购。

4. 供应商的配合是定量入库的前提

要想实现定量入库,前提是供应商在规定的时间内按时送货。如果供应商不按照合同交货期送货,一旦供应商的链条断了,生产也就无法延续了,定量入库也就没有意义了。

四、物料尾数进行合并控制

（一）何为尾数

通常情况下，比较规范的企业物料的包装均属于标准包装，下面用一个例子来说明。

某种物料一共20箱。其中设定标准包装数为10个/箱，而该物料一共有198个。如果按照定量包装原则，前19箱为10个/箱，而第20箱为8个，显然这第10箱为尾数箱。8这个数据为尾数（图8-10）。

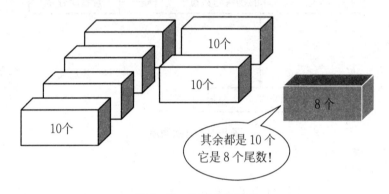

图8-10 物料尾数示意

（二）何为合并尾数

由于每一批量的物料并非每一箱都是标准装箱数，而是总有一个尾数。在入库的物料里面存在着尾数，在仓库内的旧物料也同样存在尾数。当新旧物料搬到一起存放时，首先要合并尾数，确保合并后的物料仅为一个尾数。

以上面例子为例，入库数量为198个，20箱，尾数为8。而原在库数量为3箱，36个，尾数为6。当新旧物料混合后，如何合并呢？

方法是：原标准箱的物料不变，维持原状，入库标准箱为19箱，而库内的标准箱为2箱，共有21箱。入库尾数为8个，在库尾数为6个。两个尾数箱合并后为14个。所以可以重组一个标准箱10个/箱，留下一个尾数箱4个。重组后的物料包装方式是标准箱10个/箱，共22箱，而一个尾数箱为4个。

（三）实施尾数合并的作用

1. 方便点数

方便点数的作用显而易见（图8-11）。

如果每箱均是标准数量与一个尾数，每次只要点清尾数箱的数据就可以清楚了解有多少物料。

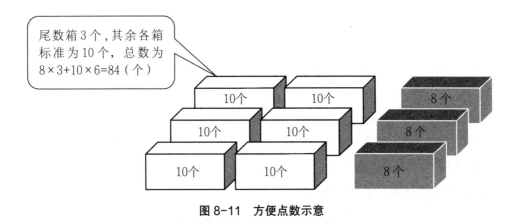

图 8-11 方便点数示意

2. 方便管理

如果全部是标准数量，则方便发料、盘点。有了标准数量与尾数管理，可以摒弃原来的每箱逐个点数的盲区。因为逐个点数不但复杂易忘，而且效率低下。

（四）实施尾数管理

实施尾数管理的步骤如下。

1. 制定尾数管理制度

任何一种物料都必须有定量包装的方式，任何库存物料仓储只有一个尾数，任何一项管理必须制度先行。制定物料定量包装的责任，建议由仓管人员来承担。因为仓管人员最能体会到仓库标准数据的重要性，也最会下功夫想办法去全面思考。

2. 制定定量标准

（1）制定定量的两个方式。

① 采用外箱容量来决定箱内放置数量。由于在一般性的制造性厂家，几乎所有的物料箱容量大小已经被统一定制。因此为了充分利用好物料箱，减少物料箱浪费，应根据物料箱容量来决定包装数量的定制方式（图 8-12）。

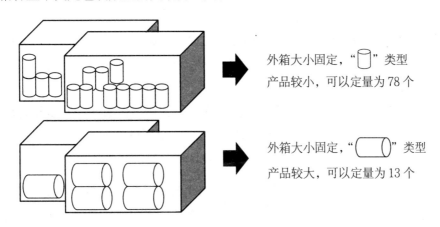

图 8-12 物料箱的利用

从图8-12可以看出,为了充分利用好厂内已经有的物料箱,根据箱的大小来确定物料定量数量。

② 采用数量来决定物料箱大小。对于外协、采购件而言,外厂的物料箱与本厂物料箱标准难以达到统一,而且各个供应厂家之间的物料包装标准也不相同。为了方便本厂对物料的管制,一般情况下在制定采购物料装箱标准的时候,采用依据数量来决定物料箱大小的办法,而定制数量也按照方便点数与方便储存原则,采用:100个/箱、50个/箱等方便数据来实施定制。

某厂家采购件标准定制见表8-7。

表8-7 某厂家采购件标准定制

物料编号	物料名	供应商	规格/cm	定量标准/(个/箱)	备注
A01	A物料	××	10×20	100	用纸箱
A01	A物料	××	10×20	100	用纸箱
A01	A物料	××	10×20	100	用纸箱
C02	C物料	××	10×30	100	产品有内箱
C02	C物料	××	10×30	100	产品有内箱

从表8-7可知,在制定采购件包装标准的时候,通常先对数量作要求,通常小件按照100个/箱的原则。其目的是方便点数,供应商必须根据此标准设计出相应的包装箱。

由于各个厂家的不同,制定包装数量的基数也不同,制定基准是一项需要有责任心的工作。因此在制定时必须坚持人到现场亲自动手实践的原则,绝不能凭空想象。

(2)做好物料定量工作。

做好物料定量工作需要做到以下几点。

① 亲自动手,一线操作。被公司指定的定量负责人,在处理自制件的时候,必须下车间一线去亲自实践,并动手将产品装入箱内,然后做好记录。对于外购件,必须向供应商索要样品,看过之后,才可以确定。

② 反复思考,虚心请教。有的定量负责人自以为是,仅看了一眼装箱之后就立即决定定量标准。但实际上定量是一个复杂的工程,定量不仅考虑到装多少,还要考虑怎样装、有几种方式、何种方式最经济。对此,长期在一线的普通员工最有发言权。

某公司小杨被指定去负责定量包装,刚刚踏上岗位便雄心壮志,决定采用最快的速度将公司下达的任务完成。他下到车间之后,立即要求车间员工把物料送到面前,并让员工一个一个地装入箱内。小杨在旁边边看边记录,一个月之后,任务完成了。定量标准经总经理审核并制定好下发到各车间。

几天后,问题纷纷反映至总经理,要求增加物料箱。由于以前产品是竖放的,现在横放,每箱几乎只能放到以前的一半。有的产品由于太重,以前只放几个,现在按小杨的标准要求放满,结果几位搬运工抬箱的时候,砸伤了脚……

最后小杨受到批评,结果离开了公司,他制定的定量标准也被废止。

3. 入库实施尾数合并

对入库物料与在库物料的尾数实施合并,如果合并数量超过标准数,则将标准数取出作为标准箱储存,余下数作为尾数箱处理;如果合并尾数不满标准数,直接将尾数合并数量作为尾数箱处理。

4. 发货先发尾数

发货的时候,必须先将尾数箱的物料发完,然后发其他标准箱的物料,如图8-13所示。

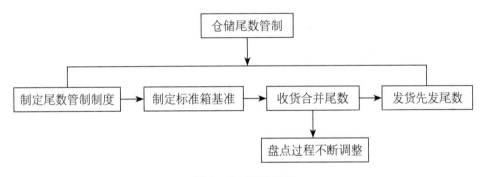

图 8-13　尾数管制

五、削减库存

(一)削减库存量的思路

为了更为有效地做好库存量控制这一重要环节,必须找到正确的解决思路。一般来说,削减库存量可遵循如图8-14所示的步骤。控制库存量的首要任务是通过盘点管理了解清楚现有库存的规模、价值等,并按照 ABC 分析法对库存商品进行区分,随后应用定置管理法明确各种物料的放置地点、堆放方式等。

完成对物料放置的区分和明确化后,就可以采用削减流动库存量和中止生产供应这两种方法来控制库存量。通常情况下,对于比较容易购得的物料,最好的库存控制方法就是随时买随时用,甚至可以让物料从市场购入后跳过仓库储存环节,直接进入生产线;对于仓库中已经存在的商品或物料,则可以通过清仓处理、降价销售两种方式处理滞销等商品,从而尽可能地削减库存的数量。

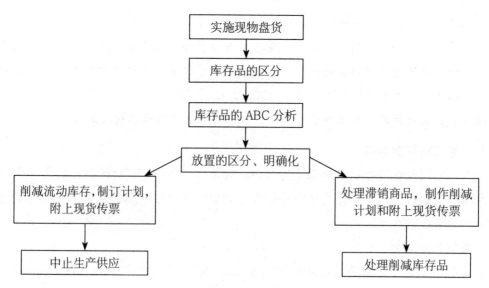

图 8-14 有效削减库存量的步骤

（二）去除不必要的库存

企业的库存可分为两种，一种是在经营意识下产生的属计划性的政策性库存，另一种是在无意识下不得已产生的，属非计划性的一般性库存。

1. 政策性库存

政策性库存是指在生产活动中，由于下列原因而有计划地产生的库存。

（1）为了缩短交货时间而设定的库存。

（2）基于投机动机，政策性购入的库存（多见于原物料）。

（3）为补给售后服务或为应对急需服务用的库存。

（4）为利于计划生产、提高效率而备的共通品、标准品的库存。

（5）缓和季节性变动或生产极限的库存，为避免措手不及的情况发生，而预先储备或生产。

2. 一般性库存

一般性库存是指在工厂生产活动中，基于以下原因逐渐累积的库存。

（1）由于生产能力不均衡所产生的库存。前工序能力强，而后工序能力弱，在这种不均衡的情形下产生的库存。

（2）派不上用途的库存。由于没有适当控制库存，或不应是库存，却因不良、机械故障、生产异常等影响而成为库存。

虽然以上两者都称为库存，但是有些库存会推动工厂生产活动运转，有些库存会妨碍生产活动的进行。最好是没有库存，但在企业能力未臻成熟的时候，没有库存，恐怕企业活动就得中止。所以，要先清除"不知不觉中累积起来的库存"，即一般性库存。

（三）工厂常见库存的降低方法

迅速有效降低库存的方法应从库存材料、在制品库存、半制成品库存及制成品库存等方面着手。

1. 降低物料库存法

（1）从物料 ABC 分析表中，选出第一至第十项的"A"类物料。

（2）查核库存资料记录表，并到仓库实际盘点该十项存量，以证明资料的准确性。

（3）仔细审核需要用到此十项材料的各类产品的用料计划，若有需要则与生产管理人员研究并修正。

（4）根据修正后的库存材料状况及用料计划，计算出往后每星期的实际进货需求量。

（5）至采购部门查核此十项材料未交订单的交货期与数量。

（6）由工业工程人员与采购人员依状况订出标准单位包装数量。

（7）对此十项材料，根据其采购地区、体积大小、过去交货品质等状况，逐项订出其标准库存水准。

（8）经由物料需求 MRP 的计算，重新安排未交订单到厂的日期与数量，使其在短期内达到标准库存水准。

（9）绘制此十项材料的库存趋势图以制定每星期的目标库存水准，由物控部门每星期汇报实际库存状况。

（10）高层管理人员每星期审核绩效，若有异常，由物控部门及采购部门找出原因，并立即采取改正行动。

（11）第一至第十项"A"类物料管理纳入正轨后，再逐次推展到其他 A 类及 B 类物料，一般而言，只要控制 20% 的项目就可达到 80% 以上的材料金额。

2. 降低在制品库存法

（1）标准库存水准的设定。

（2）作业水准的设定与改善。

（3）物料投入与产品产出的控制。

（4）动态制程管理技术的开发。

（5）管理报表的运用与绩效的审核。

3. 降低半制成品库存法

（1）经由物料需求 MRP 计算出各种半成品每星期的实际需要量。

（2）根据降低批生产量的原则，订出标准最佳批量。

（3）对每类半成品订出其标准库存水准。

（4）编订制程，并算出每种半成品每星期的预期库存水准。

（5）比较预期库存水准与标准库存水准，若前者合理地接近后者，则接受此制程。

（6）根据每星期预期库存水准及标准库存水准，编制半成品库存趋势图，并由生产部门与物控部门，每星期具体汇报实际库存状况，再与预期库存水准比较，一有显著差异，立刻找出原因，并采取改正措施。

4.降低制成品库存法

（1）由销售部门依据销售预测表提出成品运交计划表，详列三个月内的每星期产品运交类别及数量。

（2）盘点成品仓库，制定正确的成品库存状况。

（3）根据成品清点资料及成品运交计划表，找出库存过高项目，由销售部门与生产管理部门找出其原因，并提出立即降低成品库存的具体建议，以期迅速降低成品库存。

（4）按照修正的成品运交计划表与年度销售预测表，由生产管理部门重新拟订生产计划表。

（5）按照修正过的成品运交计划表及产出计划表算出每星期每项产品的库存状况。

（6）由高层主管、销售与生产管理部门共同审核成品库存预期水准，经由各部门及高层主管认可后，由生产管理部门绘制成品库存趋势图。

（7）每星期由生产管理部门具体汇报实际产出、运交及库存状况，并与预期数字比较，一有显著差异，立即找出原因，并采取改正措施。

第三节　库存管理的完善

一、把整个企业当作一个资材仓库看待

把整个企业当作一个很大的仓库（图8-15），确实掌握其"进"和"出"。

这是库存管理最简单的做法，只管理采购和出货的库存，其最大特征是无须使用物品流动传票，只用会计上的传票，就能够掌握库存。

这种方法，以采购传票作物料的入库管理，以产品的出货传票来管理物品，只要减去出库部分，便可掌握库存。它不考虑内部物品的移转，无论是物料，还是在制品，都当作库存。

以计算机进行这种进、出库存处理的话，出库部分的扣除须同时考虑以下两点。

（1）不要弄错单位的转换。

对1个产品的消耗物料量，不应以1个、2个来计算，而须换成千克、平方米等与产品不同的单位，然后给予扣除。

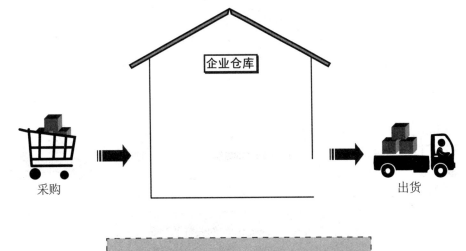

图 8-15　把工厂当作一个大仓库

如：用 1 张钢板可生产 5 个产品，基本单位应定为 0.2（张），若出货 100 个产品，就得消耗 100×0.2=20（张）钢板。

（2）考虑耗损率之后再予以扣除。

耗损率是因失败发生的损失或因某些特定因素使物料的利用无法 100%，这部分若没有预先扣除，会使账面的库存逐渐增加，以致和实际库存不符。

购入物料时，不会有这个"率"的问题，但在产品交货时就存在，必须扣除。

二、把企业分为资材库和产品库

生产企业可大致一分为二（图 8-16），"进"是资材仓库，"出"是产品仓库，这样就同资材的补充和接单出货相对应。

把企业当作一个大仓库，由于时间差，扣除处理作业等因素，会导致账面库存和实际库存的差异，而把企业一分为二成资材及产品库，不仅可提高库存的精密度，而且对客户查询产品、接单等业务也有促进作用。

完成传票是资材的出库传票，同时也是产品的入库传票。有这个传票，当产品制造完成，从资材库扣除的时候，要做产品库存的入库处理，因此，能进一步提高库存管理的精密度。

如果把半成品及部分零件当作预备库存，保管在仓库中时，也要和产品一样，在入库时做完成传票，出库时做出货传票。

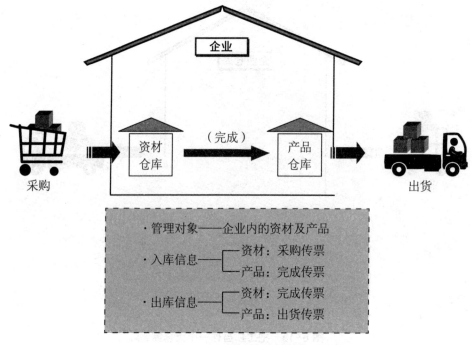

图 8-16 把工厂分为资材库及产品库

三、将在制品库存从资材仓库分离出来

掌握了"进"和"出"之后,接着就要把内部整顿好,将整个企业当作一个工程(图 8-17),正确地去掌握在制品库存。

这并不是要掌握各工程别的在制品,而是要把生产的工程做一个整体管理,当物资从资材库向工程移转时,一定要开立传票,而且必须把开立传票的责任单位及流程标准化。

采用这种运作方式,必须注意以下三点。

(1)确保资材配放场所,并有安排进出货的负责人。

(2)如果没有出库申请单的话,即使是特急,也不能出库。

(3)多余的资材不得堆放在工程中,要开立退回传票。

企业对现金的收付,都肯定有专人负责(出纳),但对物品的收付,则不见得都有专人(仓管员)负责,特别是小企业,事实上任何企业,都应有物品和现金同等重要的观念,必须有仓管人员。

四、企业外部的在制品也要管理

在制品库存并不仅限于企业内部,向外订购的物品和在制品库存的性质是一样的。因此,要把在制品库存区分为企业内和企业外两种(图 8-18),以掌握订购的库存。

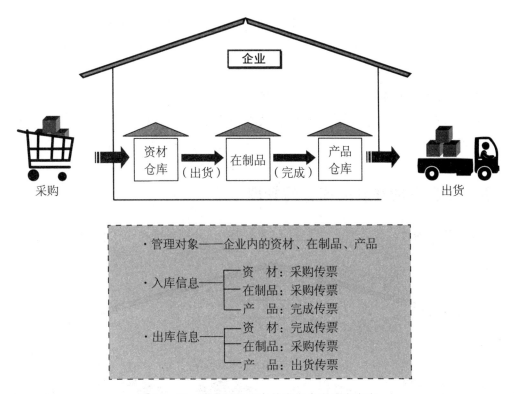

图 8-17 将在制品库存从资材仓库分离出来

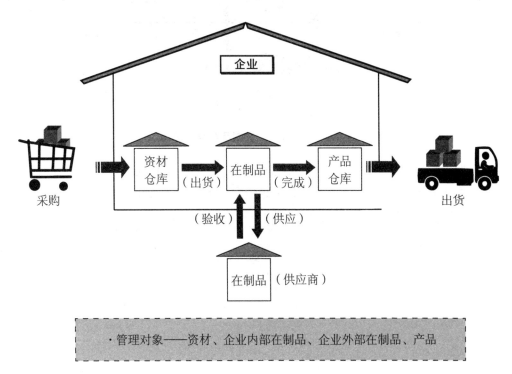

图 8-18 企业外部的在制品也要管理

本步骤中,将在制品库存分为企业内和企业外两种,在外则按放置场所和供应商别掌握其库存。这时,可依供应商的资材支付传票入库,并从交货时的验收传票中予以扣除,以此管理供应商的支付材料库存。

提供给供应商的材料,要加以管理,有偿提供时,等于在会计上销售一次,因此,要在资产上扣除。这些物品迟早会成为产品的一部分加以回收,在管理上,可当作供应商的在制品。

五、工程别的在制品库存的管理

把企业的物流过程分成若干个工程(图8-19),分别掌握每个工程的在制品库存。

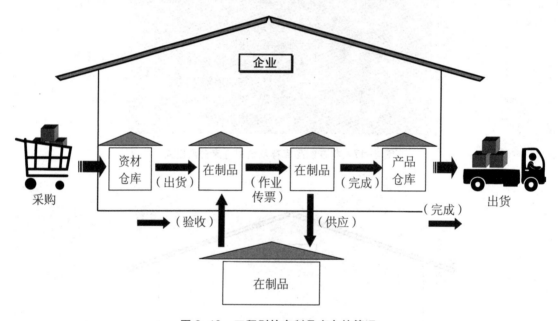

图8-19　工程别的在制品库存的管理

为掌握工程别的在制品库存,必须把终端放在现场,以有效的方式收集信息。

在这个步骤里,要利用一品一张的作业传票,去进行工程与工程间的移转。同时也可用于进度的管理,也方便对日后的整理。

第九章
精益生产之
智能制造

情景导入

杨老师:"时间过得真快,转眼3天的培训就要结束了,其实我有点忐忑,不知道大家有没有收获?"

小刘:"我们刚刚还在说,这次培训真是不虚此行,学到了很多东西。"

杨老师:"真的吗?大家学到了知识,我就放心了,没有浪费大家的时间。"

小刘:"我们真的是学到了很多东西。以前总觉得自己已经做得非常好了,但是经过这次培训才发现自己做得还不够好,自己还能更好。特别是了解了精益生产的知识并学到了如何在企业实现精益生产,我现在充满干劲。"

杨老师为小刘竖起大拇指,说:"很好,你能这样想,证明你真的是学进去了,我很欣慰呀。"

台下的学员都笑了。

杨老师:"精益生产管理的内容就暂告一段落了。其实随着现代科技的发展,企业实行精益管理都是为了实现智能制造做准备的。"

小李:"智能制造就是以机器人代替工人吗?完全智能化我们不就失业了吗?"

杨老师:"哈哈,小李同学的担心还是有点早。首先,从大部分企业的情况来看,短时期内还没办法实现智能制造。其次,大家也都一直在学习,智能制造也不是完全不需要人的参与,大家总能找到最适合自己的岗位。"

"精益生产与智能制造之间有什么关系呢?"小李继续问。

"这个问题问得好!"杨老师接着说:"智能制造、推广精益生产最终的目标是高效地生产产品,实现短交期、高质量和高效率,提高企业的竞争力。精益生产是智能制造的基础,没有精益生产,智能制造难以实施或做得更好,而智能制造可以让精益生产更好、更规范地实现。两者不是事物发展的两个阶段,智能制造并不是精益生产发展的高阶阶段。更清晰地说,借助智能制造,精益生产会更好地发展。两者当然会有必然的交叉,比如制造执行系统(MES)的应用,是管理,也是技术,但终归是信息技术的应用,其管理的理论和基础仍然是精益生产方式。"

"那得好好了解一下了!"学员们饶有兴致。

杨老师:"说得对,我们都应该不断努力,以最好的自己来迎接智能制造时代的到来。今天我们就来一起学习精益生产之智能制造。"

第一节 智能制造概述

一、智能制造认知

智能制造中的智能是知识和智力的总和,前者是智能的基础,后者是指获取和运用知识求解的能力。智能制造包含智能制造技术和智能制造系统,智能制造系统不仅能够在实践中不断地充实知识库,具有自学习功能,还有搜集与理解环境信息和自身的信息,并进行分析判断和规划自身行为的能力。

智能制造(intelligent manufacturing,IM)是一种由智能机器和人类专家共同组成的人机一体化智能系统,它在制造过程中能进行智能活动,诸如分析、推理、判断、构思和决策等。

通过人与智能机器的合作共事,去扩大、延伸和部分地取代人类专家在制造过程中的脑力劳动。它把制造自动化的概念更新,扩展到柔性化、智能化和高度集成化。

二、精益生产与智能制造的关系

精益生产和智能制造是两个层面的事,精益生产是生产管理方法,而智能制造则是制造过程实现的技术方法,智能制造是一种全面升级的生产制造系统。前者是管理层面,后者是产品实现技术层面,如网络化、数字化、物联网等都是服务于精益的技术手段等;两者当然会有必然的交叉,比如制造执行系统(MES)的应用,是管理,也是技术,但终归是信息技术的应用,其管理的理论和基础仍然是精益生产方式。

精益生产基本思想和追求的管理目标,并没有随着智能制造的发展而落伍,恰恰相反,精益思想是企业进行智能制造体系构建的重要指导思想之一。

(一)关注客户价值

精益生产强调,流程中所有环节的输入与输出都应当用客户价值这个标尺去衡量。在前端要打通客户真实需求之间的接口,在企业内部,以客户需求来定义自己的产品与服务。

如果系统不能满足客户对高质、高效、低成本、高满意度的要求,即便是设备或技术非常先进,也不能算是一个成功的智能制造项目。

(二)识别并消除浪费

企业在实施智能制造系统之前,应当对流程中各种浪费进行梳理与改善。精益生产中将制造过多过早、库存、搬运、等待、不必要的作业、不必要的动作以及不良品流窜这七种形式，归纳为七大浪费。

这七大浪费是企业生产效率不高、盈利能力不足的根源，需要不断进行完善与消除。

如果这些问题没解决，就直接实施智能制造，很可能是用系统的方式把浪费固化下来，既丧失了改善的机会，又增加了不必要的投入。

比如，没有对库存过多的浪费进行改善，就投入大量财力和物力去建设智能化的立体仓库。

没有对动作浪费进行改善，就引进机器人或机械臂去从事这些本属于浪费的动作，这些都会造成很大的浪费。

（三）价值的快速流动

精益生产强调价值流的快速流动，包括物理布局工艺流程化，信息传递自动化，以及人、生产线设备、仓储物流之间高效协同化。

如果在物理布局上有大量断点存在，就会给APS智能排产与调度带来更大复杂度。

在系统整体运转的过程中，尽可能多地消除停滞和等待，需要将人、生产线设备、仓储物流之间的相互协作机制、信息传递机制、防错与纠错机制，在统一的系统框架内进行设计与建设。

（四）高度柔性与适应性

精益生产的柔性是指通过快速切换（SMED）的实施与改善，实现生产线在生产不同型号、不同配置甚至是不同种类产品时，可以根据需要进行快速切换。

在小品种多批量、客户需求千变万化的今天，智能制造建设也必须考虑生产线柔性与适应性等问题，否则就可能造成大量投资的浪费。

（五）尽善尽美原则

精益生产中的标准作业、自工序完结、良品条件创建与维持、质量内建、安灯控制、防错与纠错机制、变化点管理、全员生产性维持（TPM）等都有一套品质维持的理念、原则与方法，这些原则和方法同样可以指导智能制造的建设。

比如，上下工序之间、设备与零件部之间都需要建立全数良品的加工条件与标准，当条件发生偏离时，应当向相关人员发出异常提醒，甚至停止生产。

如果智能制造系统缺少这样的机制，自动化程度越高，损失往往越大。

三、实现智能制造的十步

企业要想实现智能制造，就要在各个方面做好准备，也是智能制造实现的十个步骤，具体如图9-1所示。

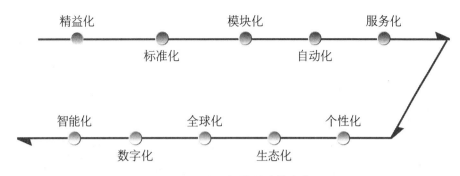

图 9-1 实现智能制造的十步

（一）精益化

精益生产，最早就是面向多品种、小批量的个性化需求而设计的，其两大支柱就是"准时化"与"智能自动化"。

迄今为止，精益已经演变为一种涉及营销、研发、供应链、生产、流程乃至创业的全价值链的精益管理理念和方法，带动了全球产业的转型。从制造业到服务业，精益所追求的"创造价值，消除浪费"的思想、方法和工具促进了生产资源的优化配置，获得质量、效率和反应速度的快速提升。

智能制造不可能建立在低效的生产模式之上，精益是必须走的第一步，而且是投资回报率最高的一条路径。因为精益几乎不需要企业做出额外的投资，只是在现有基础上重新配置生产资源，就可以获得超出想象的回报。

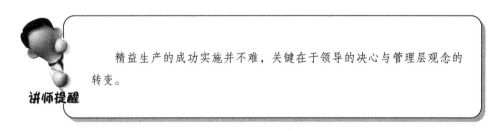

精益生产的成功实施并不难，关键在于领导的决心与管理层观念的转变。

（二）标准化

标准化是自动化的基础，也是智能制造的前提。国内企业不重视或者没有意识到标准化的重要性。标准化当然也包括标准化的作业流程和作业方式，有了标准化，自动化才能据此开发出来，比如自动焊接和自动装配。假设零部件千变万化，作业方式也不固定，自动化将很难实现，即使实现成本也很高。

（三）模块化

模块化降低了从设计、采购到生产的复杂程度。标准化的接口和连接方式提高了通用性，降低了制造成本与周期，自动化生产、物流与信息沟通更加容易实现。

模块化实施起来相对较难，涉及行业与企业标准，需要上下游企业共同参与。这是一项长期的工作，所以相互间构建精益的战略合作伙伴关系尤为重要。

（四）自动化

自动化是智能制造中谈论得最多的，很多地方政府和企业形象地把其称为"机器换人"，也做了不断的尝试，有成功也有失败。

企业可以通过自主创新，将原来原材料处理的离散型加工方式进行集成，把原来独立的工序通过自动化生产线连接在一起，实行精益化的连续生产，消除了中间环节的上下料、储存和搬运，生产速度和生产效率将大大提高。

（五）服务化

移动互联网的蓬勃发展加速了中国制造业从制造向服务的转型。美国倡导的"工业互联网"将人、数据和机器连接起来，形成开放而全球化的工业网络，其内涵已经超越制造过程以及制造业本身，跨越产品生命周期的整个价值链，涵盖航空、能源、交通、医疗等更多工业领域。

此外，制造企业还可以通过设备的联网数据监测、分析和改善设备的设计与制造，提高产品可靠性和效率。当然"互联网+"模式下，传统企业需要不断创新商业模式，找到一款适合自己的服务方式来打动客户。

（六）个性化

高品质、低成本的个性化实现，首先取决于精益生产水平，也就是精益所倡导的"价值来自真正的顾客需求的拉动"。其次，个性化实现取决于标准化和模块化的设计。高速发展的互联网等信息技术为其提供了支持，使得个性化实现变得更容易。

每个企业需要根据自己的精益化水平、标准化水平、模块化水平以及信息化水平来决定自己的个性化模式，并不是越个性化越好，它建立在一定的实施条件基础之上。

（七）生态化

企业的竞争正在从单个企业之间逐渐向供应链之间乃至生态系统之间的竞争转变。在信息和网络产业当中，大企业的关系从竞争、兼并变成结盟、共赢，以伙伴关系实现协同控制、人机混合控制，这是产业生态化的体现。

（八）全球化

在世界互联互通的今天，当企业做到一定规模时，就需要考虑全球化来配置资源，以提高效率，降低成本。全球化资源包括市场资源、设计资源、采购资源和生产资源。

我国的"一带一路"倡议就是寻找全球化的市场资源，输出我们的高铁技术等。

设计资源则是在国外设立研发技术中心，开发贴近本土的产品或者弥补国内设计能力的不足，还可以形成全球 24 小时不间断产品开发，以缩短研发周期。

（九）数字化

数字化与信息化密切相关，与自动化一样，这是智能制造转型投资最大的一部分。随着信息技术的日新月异，一切皆可数字化，从人、产品到设备，实现万物相连。

这意味着在"工业 4.0"时代，第一次有可能将资源、信息、物品和人通过数字化进行互联互通。这种沟通包括人与人、人与产品、人与机器、产品与机器、机器与机器之间的信息交换。

但是由于技术的不成熟与投资的巨大，每个企业都需要权衡导入的时机，与自动化一样，须综合考虑投资回报、系统可靠性、信息安全风险、人才储备等问题。

（十）智能化

智能化包含两个含义，一个是产品的智能化，另一个是制造过程的智能化，具体如图 9-2 所示。

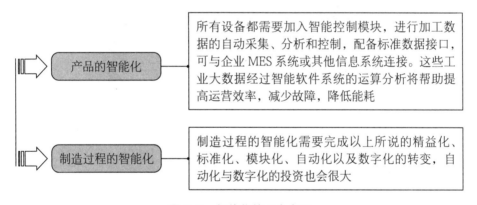

图 9-2　智能化的两个含义

中国制造需要从重速度轻质量转变为重质量轻速度，需要在以上十大领域进行可持续创新，从商业模式、技术以及管理方面实现向中国智造的转型。

第二节　助力精益生产和智能制造的软件

智能制造包含大量的计算机软件、硬件和自动化。智能制造的本质是实现工业化、信息化、自动化和智能化的一体化。企业应实施相关技术的集成和应用，避免形成新的"智能岛"。智能制造是一个复杂的项目，企业应实现车间网格化，实时采集生产数据、质量数据和设备状态数据，进行智能分析。

一、车间制造执行系统

车间制造执行管理系统/生产执行系统（manufacturing execution system，MES）是企业信息化集成的纽带，是实施企业敏捷制造战略和实现车间生产敏捷化的基本技术手段。生产执行系统可以为用户提供一个快速反应、有弹性、精益化的制造业环境，帮助企业降低成本、按期交货、提高产品的质量和提高服务质量。

（一）MES 是三层企业集成模型的中间层

MES 处于三层企业集成模型的中间层（图 9-3），主要面向下面各制造工厂（车间）级，因此工艺特点非常明显。它根据 ERP 系统下达的生产订单或者长期计划，通过作业计划编制、作业调度、物料平衡、成本核算、质量管理的过程来组织生产，呈报 ERP 系统数据。

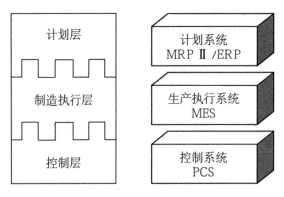

图 9-3　三层企业集成模型

（1）位于底层的控制层，包括 DCS（分布式控制系统）、DNC（分布式数控系统）、PLC、SCADA 等系统，其作用是生产过程和设备的控制。

（2）位于顶层的计划层通常是 MRP Ⅱ 或 ERP 等系统，其作用是管理企业中的各种资源，管理销售和服务，制订生产计划等。

（3）位于中间层的制造执行层则是介于计划层和控制层之间。面向制造工厂管理的生产调度、设备管理、质量管理物料跟踪等系统。

MES 在企业系统的三层结构中起着承上启下，填补计划层和控制层之间的空白的作用，计划层的业务系统生成的生产计划（计划要做什么）通过 MES 传递给生产现场，来自控制层的生产实际状态（实际做了什么）通过 MES 报告给计划层的业务系统。

（二）MES 的功能模块组成

MES 是一个可自定义的制造管理系统，不同企业的工艺流程和管理需求可以通过现场定义实现。常见的 MES 大多包含如图 9-4 所示的功能模块，涵盖了制造现场管理等方面。

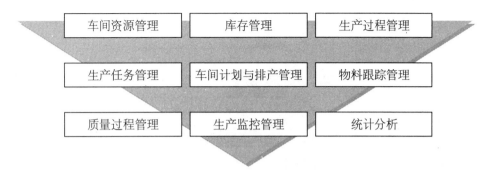

图 9-4 MES 生产管理系统的模块组成

1. 车间资源管理

MES 车间资源是车间制造生产的基础，也是 MES 运行的基础。车间资源管理主要对车间人员、设备、工装、物料和工时等进行管理，保证生产正常进行，并提供资源使用情况的历史记录和实时状态信息。

2. 库存管理

MES 库房管理针对车间内的所有库存物资进行管理。车间内物资有自制件、外协件、外购件、刀具、工装和周转原材料等。MES 库存管理的功能包括图 9-5 所示。

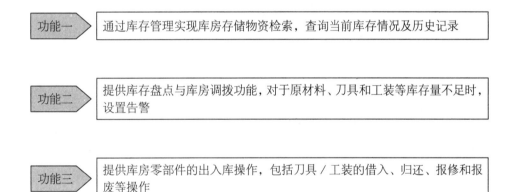

图 9-5 MES 库存管理的功能

3. 生产过程管理

MES 生产过程管理可实现生产过程的闭环可视化控制，以减少等待时间、库存和过量生产等浪费。生产过程中采用条码、触摸屏和机床数据采集等多种方式实时跟踪计划生产进度。生产过程管理旨在控制生产，实施并执行生产调度，追踪车间里工作和工件的状态，对于当前没有能力加工的工序可以外协处理。实现工序派工、工序外协和齐套等管理功能，可通过看板实时显示车间现场信息以及任务进展信息等。

4. 生产任务管理

MES 生产任务管理包括如图 9-6 所示的功能。

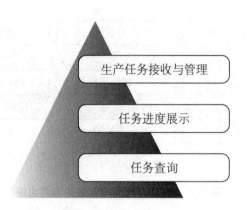

图 9-6　MES 生产任务管理的功能

MES 可提供所有项目信息,查询指定项目,并展示项目的全部生产周期及完成情况。提供生产进度展示时,以日、周和月等展示本日、本周和本月的任务,并以颜色区分任务所处阶段,对项目任务实施跟踪。

5. 车间计划与排产管理

MES 生产计划是车间生产管理的重点和难点。提高计划员排产效率和生产计划准确性是优化生产流程以及改进生产管理水平的重要方式。车间接收主生产计划,根据当前的生产状况(能力、生产准备和在制任务等)、生产准备条件(图纸、工装和材料等),以及项目的优先级别和计划完成时间等要求,合理制订生产加工计划,监督生产进度和执行状态。

6. 物料跟踪管理

通过条码技术对生产过程中的物料进行管理和追踪。在生产过程中,通过条码扫描跟踪物料在线状态,监控物料流转过程,保证物料在车间生产过程中快速高效流转,并可随时查询。

7. 质量过程管理

生产制造过程的工序检验与产品质量管理,能够实现对工序进行检验与产品质量过程追溯,对不合格品以及整改过程进行严格控制,其功能包括如图 9-7 所示的内容。

图 9-7　MES 质量过程管理的功能

8. 生产监控管理

生产监控实现从生产计划进度和设备运转情况等多维度对生产过程进行监控，实现对车间报警信息的管理，包括设备故障、人员缺勤、质量及其他原因的报警信息，及时发现问题、汇报问题并处理问题，从而保证生产过程顺利进行并受控。

9. 统计分析

MES能够对生产过程中产生的数据进行统计查询，分析后形成报表，为后续工作提供参考数据与决策支持。生产过程中的数据丰富，系统根据需要，定制不同的统计查询功能，包括如图9-8所示的内容。

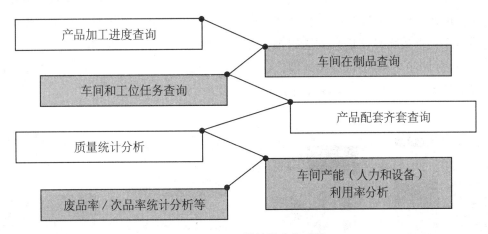

图9-8　MES的统计查询功能

二、安灯系统

安灯系统（图9-9）是一个面向制造生产现场，快速联络生产、物料、维修、主管等部门以满足生产线需求，实时掌控和管理生产线状况的专门应用软硬件系统，实现生产透明管理。它是精益制造执行中的一个核心工具，也是MES制造执行系统中的重要组成部分。

图9-9　安灯系统

安灯系统也称"Andon系统"。Andon为日语的音译，意思为"灯""灯笼"。安灯系统指企业用分布于车间各处的灯光和声音报警系统收集生产线上有关设备和质量等信息的信息管理工具。安灯系统起源于日本丰田汽车公司，主要用于实现车间现场的目视管理。在一个安灯系统中每个设备或工作站都装配呼叫灯，如果生产过程中发现问题，操作员（或设备自己）会将灯打开引起注意，使得生产过程中的问题得到及时处理，避免生产过程的中断或减少它们重复发生的可能性。

（一）安灯系统主要功能

安灯系统是生产异常整个流程的一个完善，若生产线发生异常，操作人员可按下相应的异常按钮，这时安灯系统异常报警会提示，车间看板也会直接显示异常工位，或者通过通信工具直接将异常信息发送到相关的管理人员，来起一个通知的作用，也提示对应的人员去对应的故障工位做出处理，以做到出现故障及时通知到对应人员，所有出现的问题可以第一时间处理，如图9-10所示。

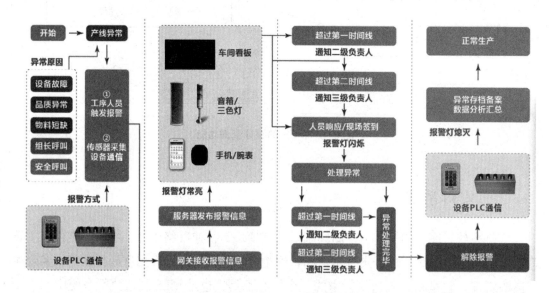

图9-10 安灯系统的异常警报及处理流程

安灯系统主要功能如下所示。

（1）工位作业管理——工位呼叫；集中事件呼叫。

（2）设备运行管理——故障、运行状态、维护信息。

（3）信息可视管理——通过安灯看板，显示呼叫信息、故障信息、停线信息。

（4）物料呼叫——通过物料显示屏，显示物料呼叫信息。

（5）质量呼叫——通过广播，呼叫质量信息。

（6）设备呼叫——当设备故障时，通过广播进行呼叫。

（7）维修呼叫管理——通过维修安灯看板，显示维修信息。

（8）公共信息管理——通过信息显示屏，显示各种公共信息。

（二）安灯系统的主要构成

（1）安灯系统需要配置无线报警终端（如安灯按钮盒、MES 工位机、SOP 系统一体机等）来帮助实现信息的快速传递。

（2）需要配有安灯看板（液晶看板系统、LED 安灯看板、指示灯看板等）能更直观地展示生产的状态，能方便我们去管理生产现场的异常情况。

（3）需要数据传输层（无线转 TCP 模块、工业网关）保证数据的快速传播，做到更快捷的数据同步。

（4）报警信号接收终端（移动腕表、手机微信、手机短信、邮件）对应的相关岗位的人员可以通过接收的信息知晓并第一时间去处理相关异常。

（5）后台管理软件端（服务端、客服端），以便在后台管理端查到相关数据的分析、导出、报表。

（6）必备的硬件服务器与办公计算机。

（三）常见的安灯系统

1. 硬件式安灯系统

传统的安灯系统，往往是通过加装一些呼叫器和通知器（如工业手表、声光报警器、LED 看板等），让工人对各类生产异常进行报警，呼叫相关人员来签到和解决，实现跨部门协作。

2. 软件式安灯系统

顾名思义，就是通过软件模拟呼叫器，实现安灯报警的触发呼叫、签到响应和解除。安灯软件运行在车间工位机或平板电脑上，同时提供大屏幕看板展示安灯看板。

另外提供后台软件系统，可以实现对安灯数据的记录和分析，可以进一步提供各类报警的次数、时长、响应速度等数据的统计报表，为分析和提升跨部门协作效率提供原始的数据支撑。

3. 硬件 + 软件式安灯系统

这种方式相当于混合部署，通过前端呼叫器硬件代替工位机上的安灯软件，后端仍然提供安灯后台管理软件，可降低实施成本。

软件后台可配置报警升级机制，若安灯报警在设定的时间没有解除，则自动升级到下一级报警，系统自动将安灯信息通知到更高等级的人员，加快安灯报警的解决。

进一步，软件系统还可提供安灯处理报告功能，例如设备故障的安灯报警现场处理完毕后，维修人员可登录后台，填写该报警对应的处理报告，实现对异常情况处理的详细记录，为后续的追溯、统计提供更翔实的资料。

4. 基于设备状态监测的安灯系统

上述几种类型的安灯系统都有一个共同的特点，就是依靠人工触发各类安灯报警信息。有没有办法自动触发呢？有的，这就是基于设备状态监控的安灯系统。

其运行原理为通过设备状态监测装置持续实时监测设备状态。

（1）如果设备发生报警且持续 x 分钟（x 可自定义），安灯系统将自动触发一条该设备报警的安灯信号，广播到系统的信息中心、车间看板，或通过邮件、短消息等第一时间通知相关人员及时处理；

（2）如果设备处于待机状态时间且持续了 y 分钟（y 可自定义），则系统自动跳出待机原因界面，提醒操作者系统待机超时，请选择某个原因。待机原因可根据设备特性和生产特征进行配置，如计划内维修、停机待料、设备故障、更换夹具等，操作者选择了某个待机原因之后，如果该待机原因提前配置了安灯报警，则自动触发该报警，从而实现基于设备状态监测的安灯自动触发机制。

后续通过统计分析各类待机原因，找出设备待机的主要原因，对于提升设备利用率和减少安灯报警具有积极而直观的作用。

基于设备状态监控的安灯系统，能够实现自动触发相关报警，比人工触发更接近现实、更具实时性，具有更高的应用价值。

三、高级计划与排程系统

APS 系统是企业实施 JIT 生产、精益制造系统的最有效工具。

APS 是英文 advanced planning and scheduling 的缩写，翻译过来就是高级计划与排程，它是运用计算机技术实现对生产计划的自动排程。高级计划与排程（高级计划排产）系统主要解决"在有限资源条件下，交期产能精确预测、工序生产与物料供应最优详细计划"的问题（图 9-11）。高级计划与排程（高级计划排产）系统制定合理优化的详细生产计划，并且可以将实绩与计划结合，接收 MES 制造执行系统或者其他工序完工反馈信息，从而彻底解决工序生产计划与物料需求计划难做的问题。

（一）APS 的运行原理

APS 的运行原理如图 9-12 所示。

（二）APS 系统的特点

APS 系统具有如图 9-13 所示的特点。

1. 生产排程可视化

生产排程，即按照一定的规则对产品的生产进行先后排序，比如当自家产品供不应求时，系统会按照利润的高低对产品生产进行排序，利润越高则优先度越高，反之亦然；

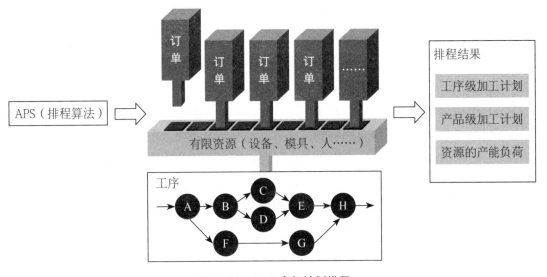

图 9-11 APS 高级计划排程

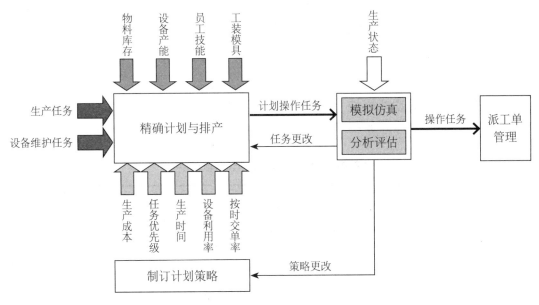

图 9-12 APS 的运行原理

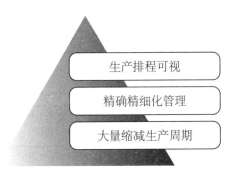

图 9-13 APS 系统的特点

但当自家产品供过于求时,系统会根据成本的高低、客户意见和重要度对产品生产进行排序,重要度越高表明优先度越高。而 APS 管理系统就是把产品生产的优先顺序按照一定的规则排列好,并把顺序自动绘制成图表同时可以随时修改以及紧急插单,做到可视、可控的管理。

2. 精确精细化管理

大多数的生产管理系统对原料和工序的管理都只是在生产前说明需要什么原料,但并不会给出在哪道工序需要什么原料,也不会说明产品的生产需要多少道工序,甚至不会具体说明是哪个班组,哪个成员负责什么工序,无法做到精确精细化管理。APS 管理系统的特点在于,会根据客户自身设置的规则,生成产品生产的工序、物料、成员、时间等,精确级别甚至能精确到时分秒、物料的多少、什么工序,并能随时对其调整修改。

3. 大量缩减生产周期

生产型企业是整个供应链中最最上游的一环,如果这一环做不好,那么剩下的其他环节就很难展开工作了。所以生产型企业必须确保产品质量以及按时交货,这样才能有效提高客户对生产商的满意度,进一步成为长期合作伙伴,提高企业的盈利,同时能增强企业的品牌效应。通过 APS 管理系统能实现缩短任务的交接时间以及对工作进行分割,达到缩减生产周期的目的。

(三) APS 系统功能模块

主流的 APS 系统包括表 9-1 所示的功能模块。

表 9-1 主流的 APS 系统功能模块

序号	分类	功能	描述
1	产品工艺	产品/物料管理	产品、中间品、半成品、原材料等管理
		工艺路线管理	与产品、订单相关的参数化工艺路线管理
		工艺管理	生产工艺管理
		制造 BOM 管理	精细化的制造 BOM 管理,融合了 ERP 中的产品 BOM 及工艺路线
2	设备管理	设备/工作中心管理	设备/工作中心管理
		刀具、模具、人员等副资源管理	刀具、模具、人员等副资源管理
		生产日历	设备、人员、刀具等生产资源的日历管理维护
		班次管理	班次管理
		换线切换矩阵管理	以矩阵形式维护换线时间,包括规格切换、数字规格切换、品目切换、副资源切换等
3	订单管理	制造订单管理	制造订单管理
		客户管理	客户属性管理

续表

序号	分类	功能	描述
4	派工反馈	作业计划	设备级别的详细作业计划,精确到时分秒
		投料计划	与设备作业计划同步的投料计划
		入库计划	与设备作业计划同步的入库计划
		计划结果评估	计划结果评估分析
		派工反馈	计划派工、锁定、反馈等
5	计划策略	计划策略管理	计划策管理
		排程规则管理	排程规则管理
		资源权重管理	资源权重管理
6	计划可视化	资源甘特图	从资源、时间维度展示计划结果,可视化每台设备的任务安排
		订单甘特图	从订单、时间维度展示计划结果,可视化订单及订单内每个工序的开工、完工时间
		资源负荷图	从资源、时间维度展示计划结果,可视化每台设备的任务负荷情况
		物料库存图	从品目、时间维度展示计划结果,可视化产品、物料的库存变化
7	核心算法	有限产能计划	考虑工艺、设备、物料、人员班组等各项约束的有限产能计划
		无限产能计划	类似MRP的无限产能计划
		分步排程/一键排程	分步排程/一键排程
		启发式排程算法	基于规则的启发式排程算法
8	集成引擎	系统集成引擎	系统集成引擎,与ERP/MES等系统无缝集成

四、车间电子看板系统

车间电子看板系统是精益生产管理体系中的一个重要组成部分,是加强工厂生产过程的管理,相关信息做到目视化,信息传递做到快捷化,工序过程透明化,提高生产组织效率的一种方式。通过数字化管理,使生产、品质、物料、异常等状况完全处于可控状态,为相关人员提供及时化信息,提高质量、成本和交期方面的竞争力,最终促使企业达到JIT生产的目标。

(一)电子看板系统的应用

电子看板系统主要用于订单管理、生产排程、采购管理、品质管理、仓存管理、车间管理、出货管理、财务管理中数据进行可视化管理,在管理过程中实现信息实时传递,提高沟通效率,高层管理人员可以随时随地了解企业运作情况,如图9-14所示。

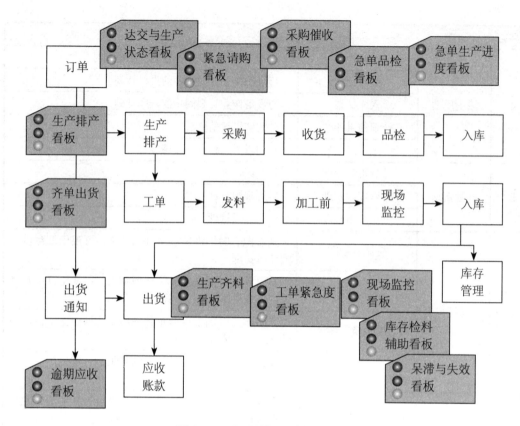

图 9-14 电子看板系统的运用范围

（二）电子看板系统的组成

电子看板系统包括：生产管理平台、生产指令指示终端和生产状态数据采集终端三个主要部分，如图 9-15 所示。

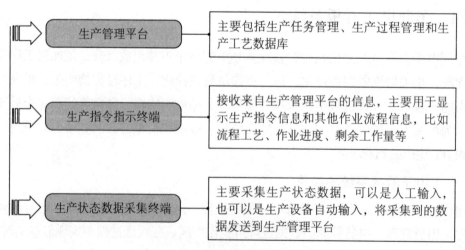

图 9-15 电子看板系统的组成

该系统具有通用数据库接口，应用层可以和企业 ERP 系统接口，数据层可以和企业 MES 系统接口，完成生产管理过程的信息化融合。

（三）电子看板系统的功能

电子看板系统具有如图 9-16 所示的功能。

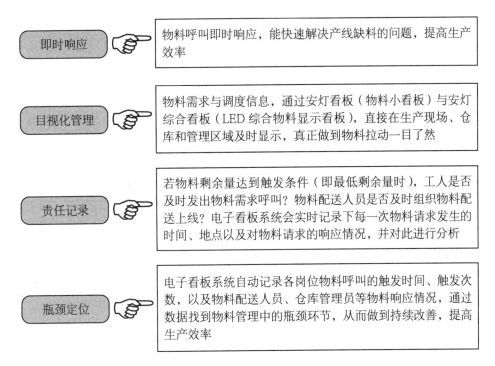

图 9-16　电子看板系统的功能

（四）电子看板系统的价值

正是由于传统看板系统对细节管理要求较高，所以当产品和原材料较多时，管理的复杂度和错误率会急剧上升。同时，传统的纸质看板容易丢失，不易保存和追溯周期长的弊端，也推动着电子看板的发展。

电子看板帮助企业生产实现了可视化管理，将原来不可视的内容可视化。通过看板管理还能够提高制造效率、设备效率和产品的品质，使得库存、生产、品质和机台等设备的运转状况，处于可控的状态。各部门和生产环节应紧密合作，进行可视化管理、精细化管理，从而节省库存。在发生问题时，可以在第一时间内被感知，相关的人员能够在第一时间采取措施，减少了企业的响应时间。

对于不同的生产部门，电子看板系统具有不同的价值，具体如图 9-17 所示。

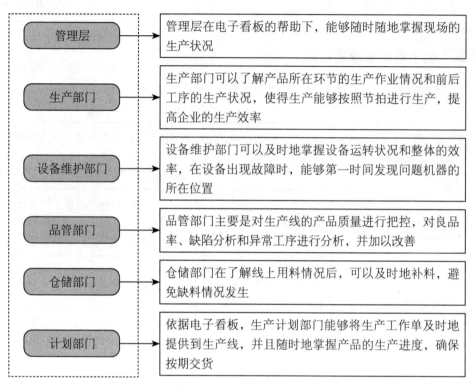

图 9-17 电子看板系统的价值

参考文献

[1] 郑时勇. 制造企业高效精益生产实施手册（视频讲解版）. 北京：人民邮电出版社，2022.

[2] 刘树华，鲁建厦，王家尧. 精益生产. 北京：机械工业出版，2021.

[3] 王清满，张爱明，王海华. 图解精益生产之看板拉动管理实战. 北京：人民邮电出版社，2016.

[4] 杨申仲. 精益生产实践. 北京：机械工业出版社，2010.

[5] 刘胜军. 精益生产：现代IE. 深圳：海天出版社，2003.

[6] 汤义萌，张勇飞. 企业创新管理与精益制造丛书：精益生产与效益提升. 深圳：海天出版社，2014.

[7] 赵勇. 精益生产实践之旅. 北京：机械工业出版社，2017.

[8] 肖智军，等. 精益生产方式JIT. 深圳：海天出版社，2002.

[9] 孙亚彬. 精益生产实战手册：单元生产与拉动看板. 深圳：海天出版社，2006.

[10] 梅清晨. 精益生产运作系统规划设计——打造企业高效价值流. 北京：机械工业出版社，2023.

[11] 刘胜军，毛同霞. 图解精益生产. 北京：机械工业出版社，2014.

[12] 金应锡. 丰田精益生产管理实战. 北京：人民邮电出版社，2011.

[13] 沃麦克，等. 丰田精益生产方式. 沈希瑾，等，译. 北京：中信出版社，2008.

[14] 王清满，程庚. 图解精益生产之精益动作改善指导手册. 北京：人民邮电出版社，2018.

[15] 许志玲. 如何进行精益生产. 北京：北京大学出版社，2005.

[16] 李永江. 世界500强企业基层员工管理工具. 北京：人民邮电出版社，2013.

[17] 姚根兴. 世界500强企业管理层管理工具. 北京：人民邮电出版社，2013.